AF509074

AMELIE,

ROMAN

DE Mr FIELDING.

TROISIEME PARTIE.

11836

AMÉLIE,

ROMAN

DE Mr FIELDING,

Traduit de l'Anglois

Par M^{dme} RICCOBONI.

TROISIEME PARTIE.

A PARIS,

Chez BROCAS & HUMBLOT, Libraires, rue
S. Jacques, entre la rue des Mathurins &
S. Benoît, au Chef S. Jean.

M. DCC. LXII.

Avec Approbation & Privilege du Roi.

AMÉLIE,

ROMAN

DE Mr FIELDING.

L'Aspect d'un monstre hideux
eût été moins horrible aux yeux de
Miss Matheus, que l'apparition de
la Dame charmante dont la voix
venoit de révolter tous ses sens. La
premiere surprise de Monsieur Fenton s'étoit changée en attendrisse-
ment, en reconnoissance. Ses larmes, ses discours interrompus, ex-
primoient ses sentimens d'une façon
touchante. Le nom d'Amélie cent
fois répété, toujours précédé ou
suivi de ces flatteuses épithetes, si

Tome III.   A

choquantes pour les oreilles de Miſs Matheus, élevoit dans ſon ame tous les mouvemens que le dépit & la jalouſie peuvent exciter. La honte de paroître devant ſa rivale, d'y paroître humiliée, contrainte à reſpecter ſes droits ; la douleur de lui céder, d'être témoin de ſon triomphe, d'abandonner l'objet de ſon amour à cette heureuſe rivale, rendoient Miſs immobile, la fixoient à ſa place, lui faiſoient oublier qu'elle étoit libre, pouvoit ſortir & s'épargner le ſpectacle qui bleſſoit ſes yeux & déchiroit ſon cœur.

Le Concierge charmé de la beauté, des graces, de l'air noble & modeſte d'Amélie, la regardoit attentivement, ſentoit du plaiſir à la conſidérer, l'admiroit, la trouvoit ſi

supérieure à Miſs Matheus, que ſe
tournant vers elle : Cela m'étonne,
me paſſe, me confond, lui dit-il.
Eh, comment le mari d'une ſi belle
Dame s'eſt-il amuſé à vous conter
de ſi longues hiſtoires ? Cette femme
eſt un ange. Sur mon honneur, ſi elle
m'avoit été connue, cent guinées
ne m'auroient pas fait fermer les
deux tours. L'impertinente réflexion
du Concierge tiraMiſs Matheus de
ſa ſombre rêverie. Ses eſprits ra-
nimés par la colere lui donnerent
la force d'éviter l'extrême mortifi-
cation qu'elle ſe préparoit en reſ-
tant. Amélie toute occupée de ſon
mari, ne l'avoit point encore apper-
çue ; elle ſortit de la chambre &
bien-tôt après de Newgate, plus
malheureuſe dans ſes propres idées,

qu'au moment où elle y étoit entrée.

O mon Amélie, ma fidelle compagne, ma généreuse amie, s'écrioit
Monsieur Fenton, toi à Londres,
toi à Newgate, pour y chercher,
pour y consoler l'objet de toutes les
peines de ton cœur! Suis-je digne
de tes soins, de ton amour, de tes
bontés? La tendre Amélie pleuroit.
Elle ignoroit encore si des jours si
chers seroient conservés. L'homme
d'affaires de sa sœur arrivé dans la
Province, venoit d'y répandre le
bruit de l'emprisonnement de Monsieur Fenton, & d'en apprendre la
cause à tout le voisinage. Cette nouvelle variant à mesure qu'elle se ra-
contoit, parvint à Amélie grossie de

(5)

faits, chargée de circonſtances, & devenue très-effrayante. Ce n'étoit plus un Watchman battu, mais un Connétable aſſommé, cinq ou ſix hommes tués, autant de bleſſés, & la tête du coupable en danger. Ces récits infideles porterent la terreur juſqu'au fond de l'ame d'Amélie. Elle partit avec ſa Femme-de-chambre, fit la plus grande diligence, arriva à Londres, deſcendit de ſa chaiſe au logement où Monſieur Fenton l'avoit prié d'adreſſer ſes lettres, y laiſſa ſa Femme-de-chambre, demanda une voiture & ſe rendit à Newgate, où la vûe de l'aimable priſonnier ſerra ſon cœur & lui ôta long-tems la liberté de s'exprimer.

M'avez-vous crue capable de

vous abandonner jamais, lui dit-elle enfin? Pourquoi me cachez-vous vos malheurs? Vous souffrez, & ne m'appellez point à votre aide; vous gémissez, & je ne partage point vos douleurs; vous pleurez, & mes larmes ne se mêlent point à celles que vous répandez. Ah si vos jours sont en danger, quelle autre peut tomber aux pieds du Prince, implorer sa clémence, demander le pardon royal, espérer de l'obtenir?.. Monsieur Fenton connoissant son erreur, se hâta de calmer son cœur, en bannissant ses allarmes. Il lui apprit la vérité de son aventure; l'assura qu'il étoit libre, alloit sortir avec elle, & pour l'en convaincre il lui donna la main, s'avança vers le corridor où le Concierge les rencontra. Ils descendirent , cet homme précédant Amélie , l'avertissant de prendre garde aux marches rompues, où ses pieds délicats pouvoient se blesser. Il la conduisit à sa voiture ; & faché de sa complaisance pour Miss Matheus , il regardoit Monsieur Fenton , levoit les épaules , répétoit, est-il possible ? Il fit cent complimens, mille révérences & quantité d'excuses à Amélie. Elle ne comprenoit rien à ses discours ; & quand la voiture commença à marcher, elle demanda à son mari ce que cet homme vouloit dire.

Une question si simple parut à l'infidele un probleme difficile à résoudre. Il rougit , baissa les yeux, & les relevant un instant après sur Amélie , il la trouva si belle dans ſon habit de voyage, qu'il penſa comme le Concierge, & ſe demanda tout bas, comment il étoit poſſible qu'une autre eût excité ſes deſirs. Il ſe condamna, déteſta ſa foibleſſe, en maudit l'objet, ſoupira, & ne trouva rien à répondre. Amélie attribua ſon ſilence à ſa triſteſſe. Cherchant à la diſſiper, elle lui montra une lettre du Docteur Harriſon, qui annonçoit ſon prochain retour. Monſieur Fenton charmé que l'entretien ſe détournât naturellement d'un ſujet embarraſſant pour lui, parla avec plaiſir du Docteur. L'eſpérance de ſon retour les conſoloit l'un & l'autre. Ils convinrent de reſter à Londres, d'y attendre leur ami. Lui ſeul pouvoit accommoder l'affaire facheuſe qui les inquiettoit.

Miſs Betzy ne réſiſteroit pas aux reproches du Docteur, s'il conſentoit à lui parler. Oſeroit-elle exiger devant cet honnête homme le rembourſement d'une ſomme ſi modique, dont ſa mere avoit fait un préſent. Il la confondroit par ſon témoignage, retireroit le billet de ſes mains, leur rendroit la tranquillité & les reconduiroit dans ſa paiſible retraite. En ſe flattant de s'y revoir bien-tôt, ils avançoient vers la Verge de la Cour, y arriverent, & deſcendirent à leur logement.

La maiſon appartenoit à Miſtriſs Eliſen, jeune veuve, fort jolie & très-bien faite. Sa taille approchoit beaucoup de celle d'Amélie. Vive, étourdie, bonne, franche, riant de tout, ne s'occupant de rien ; elle ne concevoit pas comment on pouvoit penſer à l'avenir, ou réfléchir ſur le paſſé. Son mari, Gentilhomme Ecoſſois, & Capitaine d'Infanterie, mourut un an après leur mariage, & ne laiſſa rien. La jeune perſonne, ſoumiſe aux ordres de la Providence, pleura un peu, ſe conſola enſuite, & retourna vivre avec une vieille tante qui lui tenoit lieu de mere. Toute la fortune de cette tante conſiſtoit en une maiſon dans la Verge de la Cour, lieu que le malheur ou l'imprudence remplit toûjours d'habitans. Sa tente venoit de mourir. Mîtriſs Eliſen ſon héritiere, tiroit trois cent guinées de ſes appartemens : elle ſe contentoit de ce revenu, & ſa ſincérité, ſon bon cœur, l'enjouement de ſon eſprit & ſa bonne conduite lui attiroient l'eſtime & l'amitié de tous ſes locataires. A l'arrivée d'Amélie elle étoit en ville ; mais elle la reçut à ſon retour de Newgate, félicita Monſieur Fenton ſur ſa liberté, & plus encore ſur les charmes de ſa belle compagne. Elle plut d'abord à Amélie. L'offre qu'elle lui fit de ſa table fut acceptée avec plaiſir. Le prix réglé pour l'augmentation du logement, & celui de la penſion fixé, Miſtriſs Eliſen conduiſit les deux époux à l'appartement qu'ils devoient occuper & les y laiſſa.

Seul avec Amélie, Monſieur Fenton éprouva ce trouble, cet embarras, qu'excite en nous la préſence d'un ami qui, s'il étoit inſtruit de toutes nos actions, pourroit nous faire un juſte reproche. S'il eſt poſſible de cacher ſes fautes à ceux qu'elles intéreſſent, il ne l'eſt pas de ſe les diſſimuler à ſoi - même. Elles deviennent d'un poids inſupportable pour un cœur ſenſible & délicat. La certitude de ne plus mériter le bien dont on jouit, répand une ſorte d'amertume ſur ſa poſſeſſion. En amour, en amitié, celui qui ſe permet une infidélité, en eſt toûjours puni par la diminution de ſon bonheur.

Monſieur Fenton n'oſoit fixer ſes yeux ſur ceux de ſon aimable femme. Il évitoit des regards accoûtumés à pénétrer dans le fond de ſon cœur. Il tenoit une de ſes mains, la baiſoit, ſe taiſoit, rêvoit. Le ſouvenir de ce qui s'étoit paſſé à Newgate le rendoit timide : incertain de la

conduite qu'il devoit tenir , il foupiroit ; il craignoit de prophaner les
charmes d'Amélie , en leur offrant
le même hommage qu'il venoit d'accorder à ceux de Mifs Matheus.
Pendant que ces réflexions l'occupoient , Amélie s'affligeoit. Elle rêvoit auffi , mais plus triftement encore. Attribuant l'air fombre & le
froid filence de Monfieur Fenton à
fes derniers chagrins , elle fongea
avec douleur que fa fœur en étoit la
premiere caufe, s'accufa des peines
de celui qu'elle aimoit ; penfa que
fans elle , fans fon amour, il eût été
plus tranquille , plus heureux. Cette
idée fit couler fes larmes; & regardant fon mari avec une tendreffe
inexprimable : Ah! dans le tems où
mon cœur te choifit , lui dit-elle ,

aurois-je pu prévoir que je me re-
procherois un jour des sentimens si
doux : ô mon cher Jemmy ! ne les
ai-je donc fait passer au fond de ton
ame que pour te conduire à partager mon infortune, pour attirer sur
toi le malheur, te rendre la victime
des miens , & de l'avarice d'une
sœur qui me hait ?

Qu'entends-je, s'écria Monsieur
Fenton, en tombant à ses genoux ;
tu te reproches mes malheurs ? Toi,
ma chere Amélie, que le ciel me
donna dans sa bonté ! Toi, la source
inépuisable de ma joie , de mon
bonheur ! quoi, j'ai fait naître ces
cruelles idées , qui t'arrachent des
pleurs ? Ah , ne t'y arrête point,
si tu ne veux percer mon cœur de
mille traits douloureux ! Ta tendres-

fe, la conftance de tes fentimens,
la pureté de ton ame m'occupoient
en ce moment ; je me trouvois indigne de toi : quel fort tu méritois ! . . . .
Je rougis à tes pieds. . . . . . Dis-moi
que tu me pardonnes . . . . . En me
comparant à toi, j'aurai toûjours befoin de ton indulgence. . . . . . O mon
Amélie ! tu es mon bien fuprême.
Si ma félicité peut être troublée ,
c'eft par la crainte de voir diminuer
la tienne. Que deviendrois-je fi tes
yeux s'ouvrant fur l'inégalité de nos
vertus, tu t'avouois ta fupériorité &
ceffois de m'aimer ?

Leur commun attendriffement fut
fuivi d'un entretien très-vif. Les larmes font fouvent l'effet d'une querelle fur des cœurs fenfibles ; fans
avoir caufé le chagrin que donne la

méfintelligence, elles amenent toutes les douceurs d'un raccommodement.

L'heure du fouper arriva, & avec elle Mifs Elifen, qui, par un excès de politeffe, voulut les avertir elle-même & les conduire dans la falle où l'on mangeoit. Pendant le repas elle parut fi charmée d'Amélie, fi attentive à la fervir, fi empreffée à lui plaire, à l'amufer, qu'elle fit naître en elle ce mouvement de reconnoiffance qui difpofe à l'amitié. Avant de fe mettre à table, Monfieur Fenton avoit envoyé chez Sir James. Vers la fin du fouper on vint lui apprendre que fon ami étoit arrivé de la campagne le matin même. Impatient de le voir, Fenton fe retira pour lui écrire & s'informer de l'heure où il pourroit le trouver le lendemain.

main. Dès qu'il fut forti de la falle à manger, Miftrifs Elifen fe récria fur les agrémens de fa perfonne & l'apparente douceur de fon caracte- re. Amélie fourit avec complaifan- ce , & lui demanda fi une figure aufli gracieufe , accompagnée d'un cœur fort tendre , ne la détermine- roit point à changer d'état. Cette queftion fit rougir Miftrifs Elifen : elle fe tut un inftant ; & puis écla- tant de rire, elle affura que de long- tems elle ne fongeroit à prendre des engagemens de cette efpece. J'ai donc bien mal interprété plufieurs de vos paroles , dit Amélie ; elles me perfuadoient que votre cœur n'é- toit point indifférent. Ah , que vous êtes pénétrante , Madame , reprit Miftrifs Elifen ! vous avez déjà deviné mon secret. Eh, mais non, je ne suis point indifférente. Un jeune Officier, bien fait, fort aimable, quelque tems avant la mort de ma tante, est devenu passionnément amoureux de moi. Il est tendre, séduisant par sa modestie : ma tante me conseilloit de ne point lui donner d'espérances ; moi je l'aimois à la folie, & je lui en ai laissé prendre. A présent je suis inquiette, embarrassée. S'il étoit possible d'écouter son cœur dans une occasion où la raison doit seule décider, je l'épouserois ; mais non, on m'assure que cela seroit mal. Eh quel obstacle la raison oppose-t-elle à vos desirs, demanda Amélie ? Un très-grand, dit Mistriss Elisen. Point de naissance, point de fortune ; c'est un Lieutenant, un simple Lieutenant : tous mes amis s'élevent contre lui , cela rend ma position désagréable. Tous les biens du monde ne me feroient pas renoncer à le voir. Si je l'épou- se, on parlera ; si je ne l'épouse pas , on parlera encore. Ce jeune Offi- cier a de la valeur, de la conduite, des graces , beaucoup d'amour , le plus heureux naturel. . . . . . . Mais épouse-t-on un homme seulement parce qu'il plaît ? L'inclination fait peu de mariages à Londres. Aimer, c'est assez pour soi, mais il faut don- ner aux autres une raison de ses dé- marches, n'est - ce pas , Madame ? Je le pense comme vous, dit Amé- lie : il est doux de voir applaudir son choix ; mais, selon moi, l'estime publique est une raison suffisante de préférer l'homme qui la mérite & l'obtient. Si par les qualités du cœur & de l'esprit votre amant est digne de vous, qu'importe son état ou sa fortune ?

Eh bien, vous parlez comme un ange, s'écria Mistriss Elisen : là, sincérement, me conseillez - vous de suivre mon penchant ? Réfléchissez mûrement à notre position ; il n'a rien, n'espere rien. Ses amis promettent de l'avancer, mais il ne compte que sur son application à remplir ses devoirs ; ainsi un bon cœur, un joli visage, de beaux cheveux, des dents parfaites, des yeux charmans, une passion ardente, voilà tout ce qu'il possede : je le répete, c'est assez pour moi ; mais les autres ? . . . . . ça dites-moi votre avis en véritable amie.

Comme je ne connois point celui qui vous plaît, reprit en riant Amélie, je n'ose vous donner un conseil sérieux : j'ignore si un peu de prévention n'exagere point à vos yeux ..... Oh non, interrompit-elle, il est aimable, très-aimable ; je puis le comparer à Monsieur Fenton. Ah, s'il lui ressemble, épousez-le, dit vivement Amélie ; il vous rendra heureuse ! Mon Dieu, que vous me charmez, ajoûta Mistriss Elisen : j'ai consulté dix personnes sans en trouver une raisonnable. Mon jeune amant sera ici demain ; il revient de Portsmouth, où est son régiment ; je vous le présenterai, vous le verrez, l'examinerez. S'il vous plaît, (& il vous plaîra, j'en suis sûre)

fi vous approuvez mes sentimens ;
les siens, je passerai sur toutes les con-
sidérations qui m'arrêtoient. Comme vous venez de le dire, la pro-
bité est la premiere des qualités; la
plus importante ; ce qui me désole,
c'est cette lieutenance.

Vous êtes un enfant, dit Amélie,
& vous vous chagrinez sans raison.
Celui qui se distingue dans un grade
subalterne, me paroît d'autant plus
estimable, qu'il a moins de facilité
de se faire remarquer. Comme personne n'attend rien de sa bienveil-
lance, personne ne s'empresse à relever le prix de ses actions. S'il ac-
quiert de la réputation, il la doit à
ses nobles efforts : n'est-il pas glo-
rieux d'être l'artisan de sa fortune,
& de monter par son seul mérite au

rang où la faveur a placé les autres?

Que vous êtes bonne & obligeante, reprit la jolie Veuve ; vous m'encouragez ; je me sens plus heureuse en ce moment que je ne le fus jamais. Ce pauvre jeune homme n'a pas trouvé un seul protecteur dans toutes mes connoissances. Il n'est pas riche, disoit l'un ; il n'est pas avancé, disoit l'autre : mais il m'aime, *bagatelle* ; mais je l'aime, *folie*. Malgré l'opiniâtreté de mes amis, j'étois fort déterminée à suivre mon goût..... Je m'en suis d'abord doutée, interrompit Amélie. C'est que vous avez bien de l'esprit continua Mistrifs Elifen : cependant j'avois grand befoin qu'une perfonne auffi fenfée fût de mon avis ; & s'approchant tout près d'Amélie, baif-

fant la voix, prenant un air grave,
je vais vous révéler un fecret, Madame, lui dit-elle. Depuis fix mois
j'ai cru devoir...... La porte s'ouvrant alors, préfenta à leurs yeux
un cavalier vêtu de rouge. Il cour-
roit les bras ouverts à la maîtreffe
de la maifon, quand la vûe d'Amélie l'arrêta : une exclamation vive
marqua fa furprife & fa joie ; les
deux Dames s'écrierent en même-
tems, l'une : eh, c'eft lui ! l'autre :
eh, c'eft Atkinfon !

Miftrifs Elifen, charmée, atten-
drie, tendoit la main à fon amant,
embraffoit Amélie, pleuroit, rioit,
ne fçavoit ce qu'elle faifoit. Quoi,
il vous connoît, Madame ? Quoi,
vous le connoiffez, Madame, difoit-elle ? Oui, beaucoup, répondit
Amélie ;

Amélie. Nous nous connoissons depuis long-tems. Dès notre plus tendre enfance nous nous aimions. Je lui ai donné mille fois le nom de frere, & lui accorderai toute ma vie celui d'ami. Que je suis aise, s'écria Mistriss Elisen ! vous l'aimez, vous l'estimez, il est votre ami ? Félicitez-moi, Madame, votre ami est...... Oui, en vérité, il est mon mari. C'est de tout mon cœur que je vous fais un sincere compliment, dit Amélie en l'embrassant ; vous ne pouviez mieux choisir. Vous formez un couple charmant, & j'assûre Mistriss Elisen qu'elle possede le plus honnête homme d'Angleterre.

Atkinson embarrassé à laquelle

des deux il rendroit ſes premiers
hommages, les contemploit en ſilence. L'amour & l'amitié excitoient
en lui les plus douces émotions. Son
attachement pour Amélie n'étoit
point refroidi par le tems, ni par
l'éloignement. Ne pouvant parler,
il prit leurs mains, les joignit, les
croiſa dans les ſiennes, & les preſ-
ſant enſemble de ſes lèvres, il les
mouilla de ces larmes délicieuſes
dont le cœur même eſt la ſource,
qui ſont l'expreſſion ſincere & touchante du ſentiment. Monſieur Fenton entrant alors, pouſſa un cri de
joie à la vûe d'Atkinſon. Le ſerrant
dans ſes bras avec tranſport, il répéta, c'eſt lui, c'eſt mon brave,
mon honnête ami. Inſtruit de ſon
mariage, il redoubla ſes careſſes,

& dit à Miſtriſs Eliſen, qu'elle pouvoit s'aſſurer d'être la femme d'un homme eſtimable. Appellez - moi donc Miſtriſs Atkinſon, s'écria-t-elle ; je ne veux plus cacher mon bonheur. Son mari charmé de la voir déterminée à avouer ſon mariage, lui en marqua ſa reconnoiſſance, & après un entretien de quelques inſtans, Amélie & ſon époux ſe retirerent pour laiſſer Atkinſon & ſa femme en liberté.

Le lendemain Monſieur Fenton reçut à ſon réveil un billet daté de Newgate. On l'avertiſſoit de ne point s'écarter de la Verge de la Cour. Deux heures après ſon élargiſſement, un Bailli chargé de s'oppoſer à ſa ſortie, s'étoit préſenté à la priſon. Fâché de ne pas l'y trouver, il avoit juré de l'y ramener dans peu, s'il n'acquittoit promptement une fomme affez confidérable : on finiffoit en affurant Monfieur Fenton, que le tems lui apporteroit une grande confolation ; on lui découvriroit un fecret important ; il connoîtroit la perfonne dont le cœur commençoit à s'intéreffer pour lui, elle lui feroit utile, & s'il étoit capable de pardonner, il deviendroit heureux.

Monfieur Fenton fe doutoit bien que fa cruelle belle-fœur le pourfuivroit à Londres. Il lui paroiffoit tout fimple qu'un Bailli chargé de fes ordres s'efforçât de le furprendre & de l'arrêter ; mais ce fecret, l'efpoir dont on cherchoit à le flatter, firent peu d'impreffion fur fon efprit. Il craignit d'abord que Miſs Matheus n'eût part à ce billet ; n'y voyant point d'apparence, il perdit cette idée. En examinant l'écriture il lui ſembla en avoir déjà vûe. Il la montra à Amélie. Elle penſa auſſi que ce caractere ne lui étoit point abſolument étranger, mais elle ne ſe rappella ni le tems, ni l'occaſion où elle croyoit en avoir vû un pareil.

A midi, Sir James Eleſmore averti par la lettre de Fenton du lieu de ſa demeure, prévint ſa viſite, ſe fit annoncer, & entra avec cet air d'empreſſement que donne l'amitié après une longue abſence. Ces trois perſonnes goûterent un extrême plaiſir à ſe revoir. Amélie s'informa de Lady Eleſmore, apprit qu'elle arriveroit bien-tôt de la campagne.

Elle jugea par les difcours de **Sir James**, que Fanny avoit beaucoup perdu dans le cœur de fon époux. Elle en fut fâchée, la plaignit en fecret; & malgré la grande fortune dont jouiffoit cette Dame, la tendre femme de Monfieur Fenton fûre d'être aimée, préféra fon partage à celui de fon amie.

Dans le cours de la converfation, Fenton demanda à James s'il fe fouvenoit d'Atkinfon, leur ancienne connoiffance. Il lui conta fon mariage, & parla de fa femme avec éloge. Sir James voulut la voir. Fenton le conduifit à fon appartement. Le Colonel trouva Atkinfon plus aimable encore qu'il ne lui avoit paru à Gibraltar, & fa femme fi jolie, fi gaie, qu'il ne put fe réfou-

dre à la quitter. Il demanda familierement à diner à Monſieur Fenton.
Amélie prit ſoin de rendre le repas
digne d'un convive délicat, & Miſtriſs Atkinſon en fit l'agrément par
ſa vivacité. Elle plut tant à Sir James, qu'en ſortant de table, s'éloignant un peu avec Fenton, il lui
dit: Parbleu, ſi l'honnête Atkinſon
n'étoit point notre ami & ne méritoit pas des égards par ſa façon de
penſer, l'humeur folle de ſa femme
m'attacheroit à elle ; & ma foi, prendre mon cœur à préſent, ce ſeroit
m'obliger , me rendre un ſignalé
ſervice ; car je l'ai donné à la plus
inſolente créature ! Elle me tour-
mente depuis un peu de tems ; mais
le diable m'emporte ſi je ne m'en
venge un jour cruellement. La mali-
C iiij

gne bête s'amuſe à me déſoler. Et
Lady Eleſmore, dit Fenton, vous
ne l'aimez donc plus ? Ah fi ! Ne me
parlez point de cette froide bégueule, reprit Sir James : je ne ſçais à
quoi je ſongeois quand je m'aviſai
de l'épouſer ; elle m'ennuie autant
que ſon brutal frere. J'ai penſé vingt
fois me couper la gorge avec lui.
En honneur je ſerai contraint de
tuer l'inſupportable ſot, pour avoir
la paix. Il a des idées d'une biſar-
rerie..... Le croiriez-vous ? le mauſſade perſonnage trouve mauvais
que ſa ſœur ſoit ſtérile, il s'en prend
à moi. Ma foi, qu'elle s'arrange, je
ne puis qu'y faire. L'honneur de
donner des neveux au Colonel Maderty ne me tente point du tout.
Comme il parloit aſſez haut, Amé-

lie entendant nommer Sir George Maderty , demanda de fes nouvelles ; la converfation devint générale , enfuite on joua. Sur les huit heures du foir , comme Fenton reconduifoit fon ami , un homme qui fembloit craindre d'être remarqué , lui donna une lettre & difparut auffi - tôt. Fenton fe doutant de qui elle venoit , rougit , cacha la lettre avec un air embarraffé , même chagrin. Sir James fe mit à rire , & parlant fort bas : Vous me confierez l'intrigue , lui dit-il , ou je vous ferai une terrible querelle ; l'aimable Amélie fçaura tout. Je ne vous cacherai rien , reprit Monfieur Fenton ; mais foyez sûr que ce meffage eft loin de m'être agréable, s'il vient d'une femme. James le badina fur la fidélité conjugale qu'il affeétoit, en avouant pourtant que, s'il eût été le mari d'Amélie, il auroit cru ne pouvoir changer fans y perdre.

En rentrant il trouva Amélie engagée au jeu. Il faifit cet inftant pour lire la lettre qu'il venoit de recevoir. Elle étoit de Mifs Matheus, comme il le foupçonnoit. Ayant deffein, lui difoit-elle, de fe réconcilier avec fa famille, elle devoit garder des mefures, & par plufieurs raifons, n'admettre aucunes vifites dans la maifon où elle logeoit. Mais ne pouvant vivre fans le voir, afin d'accorder fes defirs avec la retraite que les circonftances lui impofoient, elle venoit de fe procurer un petit appartement où elle fe rendroit les jours dont ils conviendroient enſemble. Elle lui en envoyoit l'adreſſe, demandoit l'heure où il pourroit l'aller trouver le lendemain, le priant de lui répondre au lieu déſigné.

Monſieur Fenton déterminé à ne la point voir, ſentit amèrement le malheur de ſa ſituation préſente. En rompant décidément avec cette fille, il auroit voulu joindre aux douze guinées qu'il lui devoit, un préſent capable de la dédommager de toutes ſes avances. Mais il étoit ſans argent & n'oſoit en demander à Amélie. Elle croyoit ſa montre perdue à Newgate; ignoroit qu'avant d'arriver à Londres il avoit été volé; comment le lui dire ſans avouer ſes obligations à Miſs Matheus, & comment prier Amélie d'acquitter une pareille dette? Sir Rowland, auquel par une lettre écrite de Newgate, il demandoit mille livres sterling à emprunter, pouvoit seul arranger cette affaire au gré de ses vœux ; en attendant sa réponse il falloit ménager Miss Matheus ; elle étoit si vive, si audacieuse ! Il lui écrivit donc avec politesse, mais sans se servir d'aucune expression qui marquât le moindre souvenir de leur intimité. Il lui apprenoit que sa belle - sœur ayant porté ses poursuites à Londres, la prudence lui défendoit de s'écarter du lieu de sa demeure. Un pas hors de l'enceinte privilégiée le mettoit au hasard d'être arrêté. Il parloit de reconnoissance, d'amitié, d'égards,

& pas un feul terme qui pût flatter fa paffion. Cette froide réponfe ne ralentit pas l'ardeur de Mifs Matheus. Tout ce que Monfieur Fenton lui avoit dit à Newgate, l'affuroit trop de fa tendreffe pour Amélie. Elle n'efpéroit plus la premiere place dans un cœur fi prévenu. Mais après s'être confultée, le partage inégal dont elle pouvoit jouir lui paroiffoit encore un bien defirable. Elle offrit de lever avant peu l'obftacle qui retenoit Monfieur Fenton chez lui. Un ami, médiateur entre elle & fon frere, lui avanceroit tout l'argent qu'elle fouhaiteroit. Si Monfieur Fenton refufoit de lui devoir fa liberté, elle prendroit un petit appartement tout près du parc, où il fe rendroit fans courir aucun rifque. Elle vouloit abſolument le voir, lui parler, grondoit, flattoit, menaçoit ; mêloit à la paſſion la plus vive, aux plus tendres invitations, des ſentimens jaloux, des expreſſions de dépit. Sa lettre prouvoit combien elle étoit éloignée de renoncer aux droits qu'elle croyoit avoir acquis ſur Monſieur Fenton.

Une fantaiſie ſi obſtinée le déſoloit. Amélie pouvoit s'appercevoir des meſſages fréquens de Miſs Matheus, le ſurprendre écrivant, s'inquiéter de lui voir traiter une affaire ſans la lui communiquer. Le moindre air de myſtère dans ſa conduite allarmeroit ſon eſprit. Elle méritoit tant d'égards ! Son ame ſenſible & délicate, attachoit un ſi grand prix au bonheur d'être aimée, la certitude de plaire répandoit un calme fi doux fur tous fes momens, éloignoit fi parfaitement de fa penfée tous les objets étrangers à fa tendreffe, au plaifir véritable de la croire partagée ! Si la défiance lui raviffoit ce bien précieux, cette fécurité, fource de fon repos, de fa joie, quelle perte pour elle ! Bleffer l'amour dans un cœur que ce fentiment rend heureux, c'eft une inhumanité fi cruelle qu'aucun terme ne peut en donner une jufte idée.

Monfieur Fenton ne fçachant que dire à Mifs Matheus, laiffa paffer trois jours fans lui répondre. Le quatrieme on lui donna une lettre d'elle. Le matin fe paffa tout entier fans qu'il pût la lire. En fortant de table il alla dans le parc. A l'entrée de la premiere allée il s'appuya contre un arbre, ouvrit la lettre & commençoit à la parcourir, quand Sir James, traversant cette allée pour se rendre chez son ami, l'apperçut. Il s'avança doucement, lui mit une main sur l'épaule, & riant de tout son cœur : Ma foi, mon cher Fenton, lui dit-il, je sçaurai votre secret ou je semerai le trouble & la division dans le joli ménage; Amélie m'aura obligation de la découverte. Fenton charmé de rencontrer son ami au moment qu'il se voyoit en liberté, l'embrassa tendrement, lui demanda ses conseils & son secours dans une affaire qui ne l'intéressoit point du tout, mais l'embarrassoit beaucoup. Alors sans nommer Miss Matheus,

Matheus, ni rien dire qui la rendît reconnoiſſable, il fit un récit fidèle de ſon aventure, expoſa ſes craintes, & donna la lettre de Miſs à Sir James, qui la prit & lut à haute voix ces paroles.

LETTRE de Miſs Matheus à Monſieur Fenton.

« Aſſurément, Monſieur, vous
» me croyez une patience à l'épreu-
» ve des plus ridicules procédés,
» puiſque vous oſez me traiter ſi lé-
» gerement, vous diſpenſer avec
» moi des égards, même de la poli-
» teſſe. Vous devriez attacher plus
» d'importance à mes ſentimens, &
» me connoître aſſez pour redouter
» l'effet d'un inſolent mépris ſur une
» ame incapable de le ſupporter.

» Votre conduite me révolte. Je ne
» souffrirai pas les dédains d'un
» homme. Non, jamais je ne les
» souffrirai. Monsieur Fenton, pre-
» nez-y garde ; craignez de m'irri-
» ter. Je ferai passer dans le cœur
» d'Amélie les traits douloureux
» dont vous vous plaisez à percer le
» mien ; je l'instruirai moi-même de
» vos occupations de Newgate ; elle
» sçaura comment son tendre, son
» fidele époux passoit les momens
» de son absence ; je la mettrai en
» état d'apprécier les fadeurs dont
» vous l'étourdissez sans cesse ; elle
» apprendra combien vous méritez
» sa confiance. Vos petits propos
» romanesques ne lui en imposeront
» plus. Par un détail exact de vos
» jours, de vos nuits, de tous vos

» inſtans, elle verra ſi le ſouvenir
» de ſes charmes.... Ne me forcez
» point à détruire ſa tranquillité, à
» troubler la vôtre. Ménagez un
» cœur ſenſible & fier....... Ingrat,
» vous le poſſedez encore. Foible
» pour vous ſeul, il ne peut vous
» haïr, il eſt prêt à vous pardonner.
» Je me rappelle avec tranſport ces
» délicieux momens où vous me
» promettiez....Oh, cette heureuſe
» priſon ! Pourquoi l'ai-je quittée ?
» Maudit ſoit à jamais l'officieux fat
» qui s'eſt hâté de m'en tirer. Il oſe
» me vanter ſes ſoins, demander la
» récompenſe de ſes ſervices. Il
» m'aime, me le dit, veut me le
» prouver, me ſuit, m'importune ;
» & vous me fuyez, vous mon cher
» Fenton, dont la préſence me com-

» bleroit de joie. Ah, comment pou-
» vez-vous me montrer cette cruelle
» indifférence ! Rendez-vous à mes
» defirs ; venez, mon ami, venez.
» Donnez-moi un jour, une heure,
» un moment...... Eft-ce à moi de
» prier, d'intercéder... Je rougis....
» Fenton, fongez-y. Vous me répon-
» drez de la baffeffe de mon cœur, de
» l'aviliffement où votre obftination
» me conduit. J'effacerai la honte
» de tant de démarches humiliantes
» par une vengeance, qui répandra
» l'amertume fur tous les inftans de
» votre vie. Si vous ne venez pas ce
» foir à fept heures où je vous at-
» tends, Amélie recevra demain ma
» vifite. Mon ame n'eft pas faite pour
» la tiédeur ; l'amour ou la haine
» doivent l'agiter. Voyez auquel de

» ces deux fentimens vous voulez
» la livrer. Je vous laiffe le foin de
» déterminer celui qu'il vous eft le
» plus avantageux de m'infpirer.
» Vous m'entendez, Monfieur; vo-
» tre vifite ce foir, ou la mienne de-
» main. Réfléchiffez & choififfez ».

Eh bien, dit Fenton, ne me plai-
gnez-vous pas ? Vous voyez quelle
femme j'ai eu le malheur de rencontrer. Mon inquiétude eft extrême : je connois fa hardieffe & crains
fes emportemens. *Le malheur de rencontrer*, répéta Sir James ! Eh, où
eft votre malheur, je vous prie,
Monfieur ? L'amour d'une jeune
perfonne vive & jolie vous rend-il
à plaindre ? D'autres acheteroient
fort cher une pareille difgrace. Je
m'attends à un confeil férieux, re-

prit Fenton, & non pas à des plai-
santeries. Que feriez-vous à ma place ? Dans ma pofition une intrigue
ne me convient point du tout. J'aime
Amélie, je l'aime uniquement. Sé-
duit par des avances, par le befoin
de me diftraire, j'ai cédé à l'impul-
fion de mes fens ; le moment, l'occafion m'ont entraîné ; mais mon cœur
ne m'a jamais parlé en faveur de
cette fille ; libre de tout engagement,
je ne la choifirois pas, même pour un
fimple amufement. Vous êtes difficile, dit brufquement Sir James : Mifs
Matheus eft charmante, fa figure,
fon efprit.. . . . . Je ne croyois pas
l'avoir nommée, interrompit Fenton d'un air furpris. Malgré le mépris qu'elle m'infpire, je me reproche cette indifcrétion. Sir James les

yeux fixés fur la lettre qu'il tenoit
encore, faifoit peu d'attention aux
difcours de Fenton. *L'officieux fat,*
répétoit-il, *il m'importune :* infolente
créature ! Maudire l'honnête ami
qui la fecourt, la protege, lui rend
la liberté ! Déteftable ingratitude!
Voilà bien les femmes, leur diabo-
lique contradiction. Parbleu, celui
qui la dédaigne, l'abandonne, méri-
teroit mieux le nom de *fat,* au-
moins dans fes propres idées, que
fon libérateur. A quoi vous amu-
fez-vous, dit Fenton? que vous importe ce qu'elle penfe de cet homme? Comment, ce qu'il m'importe,
s'écria James ? ventrebleu, Monfieur, le fat dont elle parle, c'eft
moi-même. Vous, dit Fenton tout
étonné ! Oui, moi, reprit - il ; je

vous suis fort obligé, comme vous voyez. Que diable aviez-vous besoin d'enflammer cette fille, puisque vous ne vouliez pas la garder ? Nous voilà tous dans une jolie situation. J'ai perdu mon tems, mes soins, mon argent. Vous allez détruire le repos de votre femme, rendre cette folle Matheus malheureuse, me chagriner, moi qui suis votre meilleur ami, & tout cela, parce que vous aviez *besoin de vous distraire*. Vous avez cédez à vos sens, dites-vous : belle raison ! Un homme sage, un Philosophe, le posseffeur de la plus belle femme du monde ! qui venoit de la quitter ! Parbleu, c'est être pressé *de se distraire*. Quand ce premier mouvement sera passé, j'espere vous trouver moins injuste, dit Fenton.

ton. Une femme de cette espece mérite peu la chaleur que vous montrez, & ne doit pas élever la méfintelligence entre deux amis. Je fens un regret extrême de cette aventure; la part que vous y avez augmente mon chagrin; croyez, mon cher James...........Eh, je crois, Monfieur, je crois, dit-il; je n'ai pas le moindre doute; les éclaircifemens font très-inutiles; on vous adore, on me détefte; voilà le fait. Cette idée me rend furieux. Vous êtes calme, vous. A votre place je le ferois peut-être auffi; mais je me donne au diable fi je n'aimerois mieux vous voir l'amant favorifé de ma femme, que l'objet du caprice de l'impertinente Matheus. Mais comment la connoiffez-vous, demanda Fenton ? Comment, reprit Sir James ? comme on connoît toutes ſes ſemblables. Cet animal de Summers, que l'enfer confonde ! épouſoit Miſtriſs Carrey, ma parente. Il me confia l'embarras où le mettoit Miſs Matheus. Il me la fit voir, elle me plut ; pour lui rendre ſervice, je convins de la prendre. Il me mena chez elle & je m'engageai à la conſoler du chagrin qu'il s'apprêtoit à lui donner. Il feignit une abſence, je m'établis auprès de Miſs Matheus. Sous le nom d'ami de Summers, j'étois reçu, accueilli, maltraité, rejetté, retenu, chaſſé, rappellé ; elle prétendoit à la dignité, à la conſtance, à la fidélité, m'étourdiſſoit de grands mots, exigeoit du reſpect ; s'adouciſſoit quelquefois. Romanefque, fantafque, railleufe & méchante, elle m'amufoit. Infenfiblement je m'attachai, je voulus être aimé; mes affaires s'avançoient, quand il plut à ma femme, qui étoit à Bath, de jouer la mourante. Ma tante, autre fotte, que la moindre bagatelle effraye, m'écrivit d'une façon fi preffante, fi lamentable, qu'il fallut partir. Je trouvai Lady Elefmore enrhumée; mais fi perfuadée qu'elle avoit une fluxion de poitrine, qu'en dépit des Médecins elle fe fit traiter en conféquence & penfa mourir. Enfin, après trois femaines d'ennui, d'impatience, j'arrive à Londres. J'apprends l'aventure de Summers; l'action courageufe de Mifs Matheus redouble mon amour. Je me preffe

de la fervir. En trois heures j'arrange fon affaire, lui écris, lui en-
voye deux cent guinées, mes gens,
mon carroffe. Elle ne me répond
point, refufe le carroffe, accepte
l'argent, & pour premiere marque
de fa reconnoiffance, l'infolente me
cache fa demeure. Je la découvre
dès le foir même, par l'activité d'un
valet intelligent. Je vole chez elle,
me plains de fa rigueur, me foumets
à fes volontés, lui offre, lui donne
tout ce qui peut lui plaire, la rendre heureufe ; & je fuis *un officieux
fat*, on me maudit, j'importune, elle
vous demande un moment, un feul
moment.... Que je fois deshonoré,
confondu, anéanti, fi je ne me venge
de l'impudente ! Eh, que préten-
dez - vous faire, dit Fenton ? Je

(53)

l'ignore, reprit James, mais je veux
la punir. Auprès d'une bégueule,
accoûtumée à d'apparens respects,
on sçait qu'il faut perdre du tems,
attendre celui de sa commodité
pour être heureux; mais une petite
provinciale, dont personne ne veut,
que Summers a quittée, que vous
laissez..... je la soumettrai, ou le
diable l'emportera. Mais si elle n'a
point de goût, d'inclination pour
vous, dit Monsieur Fenton, si son
cœur se refuse.... Je me soucie bien
de son inclination, interrompit Sir
James; elle est piquante, hardie, sa
figure est jolie, sa tête singuliere;
elle me plait; c'est sa personne qui
me tente; c'est le plaisir de triompher de l'impertinente, de la ré-
duire. Que diable fait le cœur à tout

E iij

cela? Vous ne l'aimez pas, vous? En feroit-elle moins heureufe à préfent, fi vous cédiez à fes defirs, fi vous contentiez fa paffion? Je ne place point le bonheur dans l'imagination, je le trouvai toûjours dans la réalité. Je fuis outré contre la petite furie, mais j'en fuis fou. Je la veux. . . . . . . Damnation fur l'ingrate! Un homme de mon âge, riche, libéral, fe voir dédaigné, trompé, maltraité, par une pareille! . . . . Morbleu, je ne puis fupporter cette idée! Ne dût-elle être à moi que vingt-quatre heures, je veux pouvoir dire que je l'ai eue à mon tour : rien ne me coûtera pour réuffir.

Vous vous préparez un fingulier plaifir, dit Monfieur Fenton : je vous

(55)

croyois plus fenfé , plus délicat ; vous êtes donc du nombre de ces extravagans , qui louent une maîtreffe comme on fait un coureur , valet cher & fouvent inutile , expofent aux yeux du public une femme parée de leurs dons , la mettent au rang des fuperfluités faftueufes dont fe remplit la maifon d'un grand ? Quelles douceurs, quels plaifirs leur procure cette femme , indifférente pour eux , qui les hait peut-être ? La foible & infipide fatisfaction d'être regardé comme le maître de fa perfonne , & de priver de fes faveurs un effain d'autres fous , qui les defirent par la difficulté de trouver le moment de les obtenir : cela vaut-il la peine de fe ruiner, de ? . . . Pourquoi non, dit James ? Tout eft varié dans

E iiij

le monde , & la fantaifie décide. Je
ne veux point differter , je veux jouir.
Actuellement je mets tout mon bonheur à fubjuguer une audacieufe, à
la foumettre ; je la rendrai fenfible
ou la défolerai , mon parti eft pris.
Mais vous me demandiez confeil ;
vous n'êtes donc pas déterminé à ne
plus la voir ? Pardonnez - moi , dit
Fenton ; parfaitement déterminé à
l'éviter , à la fuir : mais , comme je
vous l'ai fait entendre , je voudrois
en agir honnêtement avec elle. Si
vous confentez à me la facrifier ,
s'écria Sir James , je me charge de
tout ; du congé abfolu , de la dette ,
même du préfent que vous defirez
lui faire : repofez-vous fur moi, j'ac-
quitterai noblement vos obligations,
& vous me rendrez à loifir cette ba-

gatelle. J'exige votre parole d'honneur que vous renoncez à elle : allons, mon ami, jurez-le, vous ne la verrez point. C'eſt, de tout mon cœur, de toute mon ame que j'en fais le ſerment, reprit Monſieur Fenton, en lui tendant la main. James la reçut, la ſerra : au moins, dit-il encore, ni complaiſance, ni bonté de cœur ne vous ſéduiront ? Vous réſiſterez aux prieres, aux menaces ? Fenton l'en aſſura : alors ils s'embraſſerent, ſe promirent de s'aimer toujours, ſe ſéparerent contens l'un de l'autre, & dans le deſſein de ſe revoir bientôt.

Monſieur Fenton ſe retiroit chez lui, quand Amélie & Miſtriſs Atkinſon entrerent dans le parc : elles vouloient prendre l'air & jouir de la fraîcheur du foir. Il retourna fur fes pas pour les accompagner. Il y avoit peu de monde du côté où les dames choifirent de fe promener. Au détour d'une allée , ils rencontrerent le capitaine Tanger, s'entretenant avec un homme dont la figure étoit remarquable : l'Ordre de la Jarretiere qu'il portoit leur découvrit fon rang. Tanger parlant vivement , paffa fans les regarder. Cela eft fingulier , dit Monfieur Fenton ; Tanger familier avec un Lord. Au régiment où il fervoit , on ne lui accordoit ni naiffance ni mérite. Nous le mettions rarement de nos parties; perfonne n'en faifoit cas. On ne lui rendoit pas juftice , fans doute : je fuis bien aife de le voir réuffir mieux à Londres. Il a de l'efprit ,

& fa converfation m'a toujours amu-
fé. Tanger repaffant un inftant après,
apperçut Fenton , le falua ; & le
Lord, qu'il accompagnoit encore ,
s'arrêta , confidéra les dames avec
une obligeante attention , leur fit
une profonde révérence , & continua de marcher. Amélie & Miftrifs
Atkinfon fe retiroient , quand Tanger accourut embraffer Monfieur
Fenton. Je croyois , lui dit-il , ne
me débarraffer jamais de Milord
Manfel, & mourois d'envie de vous
aborder. Où vous êtes - vous donc
caché , pourfuivit-il , fans lui donner le tems de répondre, depuis votre arrivée à Londres ? Je n'ai pu
vous retrouver , malgré le foin que
j'ai pris de vous chercher dans tous
les lieux publics. Fenton fe mit à

tire , & lui dit qu'en effet il avoit vécu fort retiré depuis leur derniere rencontre. Le capitaine lui demanda si une de ces dames étoit Amélie : Monsieur Fenton le présenta à sa femme. Comme elle vouloit sortir , Tanger lui donna la main. En la conduisant, il la pria de lui permettre d'espérer qu'elle voudroit bien recevoir la visite de Mistriss Tanger, dont il lui vanta les charmes & le caractere. Amélie répondit avec politesse , & dès le lendemain tous deux se firent annoncer à sa toilette.

Mistriss Tanger avoit des traits peu réguliers , mais beaucoup de fraîcheur & d'éclat. Au premier aspect elle sembloit belle ; l'examen lui étoit moins favorable : cependant on l'auroit trouvée très-jolie, fi elle n'eût pas cherché à le paroître. Le deffein de plaire embellit ordinairement : quand il naît de la bonté du cœur , de ce naturel aimable, qui porte une femme à répandre l'agrément autour d'elle , il prête un charme attrayant à fes moindres actions ; mais fi ce defir s'éleve de la vanité , de l'amour-propre ; s'il tend à tout foumettre , à tout enchaîner ; s'il devient un art : loin de réuffir, il fe change en affectation , conduit au ridicule , & rend la beauté même défectueufe : c'eft l'effet qu'il avoit produit fur Miftrifs Tanger. Vaine , coquette & grimaciere , en voulant ajouter à la nature , elle étoit parvenue à fe donner un air d'enfance , de vivacité, d'étourderie, qu'une taille haute & trop d'embonpoint rendoient absolument étranger à sa personne.

Cette femme ne pouvoit être du goût d'Amélie. Elle venoit la prier, la presser de dîner le lendemain chez Tanger. Fenton acceptant l'invitation , ôta à sa compagne tout prétexte de refus. Le capitaine & sa femme resterent à dîner , & pendant le cours de la journée , Tanger sembla prendre un intérêt très-vif à la fortune de son ancien camarade : il s'étonna qu'on eût réformé un si vaillant officier ; blâma Fenton de n'avoir fait aucune démarche à la Cour ; parla en homme qui possédoit la faveur d'un Seigneur puissant ; lui offrit d'employer le crédit de Milord Manfel pour remettre sa compagnie fur pied, ou lui procurer du fervice dans un autre régiment. Fenton fut fenfible à ces marques d'amitié de la part d'un homme qu'il connoiffoit à peine. Naturellement facile & bon, il jugeoit affez fur l'apparence. La fimplicité de fon caractere, & la générofité de fon cœur le portoient à regarder comme un ami tout homme qui fe paroit à fes yeux du defir de l'obliger.

Comme Tanger logeoit depuis huit jours dans la verge de la cour, Monfieur Fenton pouvoit fans rifque aller chez lui. Il s'y rendit le lendemain avec Amélie, & trouva le capitaine plus prévenant encore que la veille : le repas fut délicat, bien fervi & très-gai. Les dames s'étant retirées pour prendre leur thé, Fenton s'ouvrit en partie avec Tanger fur fa fituation préfente : il lui avoua qu'il fe trouveroit heureux de rentrer au fervice. Le capitaine lui promit d'intéreffer Milord Manfel en fa faveur, lui fit mille proteftations de zele & d'amitié ; enfuite ils rejoignirent les dames, & la maîtreffe de la maifon demanda une table de jeu. La partie commençoit à peine, quand on annonça Milord Manfel. Ce Seigneur falua refpectueufement Amélie, civilement Monfieur Fenton. Après un peu de cérémonie, il accepta la place du capitaine, prit fon jeu ; & fe récriant fur la beauté du jour, il propofa une promenade à Kinfington. Miftrifs Tanger répondit qu'elle la feroit avec plaifir fi Amélie vouloit bien l'y accompagner :

compagner : un figne de Monfieur Fenton détermina fa femme à fe montrer complaifante. Les ordres de Milord donnés une caléche attelée de fix chevaux, fe trouva prête comme la partie finiffoit : tous y monterent. Arrivés à la maifon royale, une fuperbe collation fut fervie dans un des bofquets. On fe promena jufqu'à minuit. Milord parut fi bon, fi fimple, fi uni, fi peu fier de fa naiffance, des avantages de fa fortune, fi accoutumé à les prifer feulement comme des moyens d'être utile, de faire des heureux, que Fenton & Amélie le regarderent avec refpect, penferent qu'il honoroit fon rang, la nation, l'humanité, & defirerent fes vertus à tous fes égaux.

Il s'en falloit bien qu'ils euffent

pris une jufte idée de leur nouvelle connoiffance. Milord Manfel poffédoit l'art de déguifer fon caractere : celui qui convenoit le mieux à fes deffeins fembloit toujours lui être naturel. Abandonné fort jeune à fa propre conduite, fes premieres années s'étoient paffées à vivre avec ces femmes indécentes, dont l'état eft d'offrir des amufemens vifs, qui répandent le dégoût fur les plaifirs véritables. Leur commerce excite, enflamme le defir, mais refroidit l'ame & refferre le cœur ; il anéantit les mouvemens fimples de la nature ; mouvemens entretenus par la fage économie de leur ufage : ils s'affoibliffent, fe détruifent. On veut les remplacer par la force de l'imagination ; alors les idées fe portent plus loin que le sentiment ne peut conduire : bientôt on joint à l'impossibilité de se satisfaire le malheur de n'être plus sensible à ces impressions aimables , qui mêlent à l'émotion des sens cette voluptueuse ivresse de l'ame , source du vrai bonheur , dont la perte est sans retour & sans dédommagement.

Un peu avant sa trentieme année, Milord se trouvant dans cet état de langueur , renonça à l'espece de femmes qu'il avoit long-tems préférée ; elles lui devinrent insipides & inutiles. L'amour de l'intrigue succéda à ses premiers goûts. Il espéra ranimer ses passions éteintes par la difficulté de plaire , d'obtenir un cœur qui se refusoit à la tendresse. Il chercha à vaincre , à séduire :

triompher d'une vertu févere , ou
d'un penchant avoué , brouiller des
amans , profiter de leurs querelles ,
troubler des époux unis par le fentiment , tromper un tuteur , uné
mere , tendre des piéges à l'inno-
cence , voilà les occupations dont
Milord Manfel fe fit des plaifirs. Un
vil effain de miférables , toujours
prêts à fervir baffement les grands ,
s'employoit à découvrir de jeunes
& belles perfonnes propres à remplir fes vûes. Tanger , plus zelé ,
ou plus adroit que les autres , mé-
rita fa faveur par ces moyens infâ-
mes. Un état aifé devint le prix de
fon ardeur à l'obliger. Il forma fa
femme à prendre les mêmes foins.
Ces deux malheureux deftinoient
l'aimable Amélie à devenir la victi-

me de leur intérêt : dès l'inftant où Milord l'avoit vûe dans le parc , Tanger s'étoit engagé à lui procurer la facilité de la féduire.

Afin de voiler fes deffeins , Milord Manfel traita les deux dames avec une parfaite égalité. Ses attentions les plus marquées furent pour Monfieur Fenton. Il lui offrit fon amitié, fon crédit, fes fervices , & parut defirer fa confiance. En conduifant Amélie à la porte de fon appartement, il demanda fans affectation la permiffion de lui rendre quelquefois fes hommages : il l'obtint, en profita , devint bientôt affidu , familier dans la maifon , paroiffant charmé de Monfieur Fenton , & defirant avec ardeur de l'éloigner , il travailla de tout fon pouvoir à lui

faire avoir une commiſſion trés-
avantageuſe ; mais , ſans l'en avertir , il la ſollicita pour les colonies.

Le lendemain de ſa promenade à
Kenſington , Amélie eut le ſoir un
accès de fievre , des vapeurs , un
tremblement terrible & de violens
maux de tête. Elle pleura toute la
nuit , paroiſſant craindre extréme-
ment de ſe retrouver dans l'état où
elle s'étoit vûe à Gibraltar. Cependant une ſombre mélancolie qu'elle
même ſembloit vouloir ſurmonter ,
fut l'unique ſuite de cet accident.
Atkinſon , ſa femme , Miſtriſs Tanger , Milord Manſel & le capitaine
s'empreſſerent à la diſſiper : Milord
propoſa mille moyens de la diſtraire,
de l'amuſer , aſſura Fenton qu'elle
menoit une vie trop retirée , trop ſé-

dentaire. Ce tendre mari fe le per-
fuada ; il la conjura de fe livrer un
peu plus à fes amis, aux plaifirs qu'ils
s'efforçoient de lui procurer. Amélie
foupira, laiffa tomber fa tête fur fon
fein, rêva, ne put retenir quelques
larmes, & d'un ton trifte, mais doux
& tendre : ô Monfieur Fenton, lui
dit-elle, je n'ai jamais donné le nom
de plaifir à toutes ces parties qu'on
arrange pour en chercher ; mon
cœur feul m'en a fait goûter, & fi
mes fentimens vous intéreffent toujours, je fuis encore heureufe.

Ces parolestroublerent Monfieur
Fenton. *Si*, ma chere, reprit-il ; eh
depuis quand ? .... doutez-vous de
mon attachement, du prix que j'attache à votre tendreffe........ *Si !*
Eh bon Dieu ! ai-je rien defiré plus

ardamment que le bonheur de vous plaire, d'être aimé de vous? Quoi, ... m'y croiriez - vous moins fenfible à préfent? Cette certitude feroit bien affligeante pour moi, s'écria Amélie; mais fi je l'avois, je fçaurois fouffrir & me taire; je ne tourmenterois point l'homme que j'aime par d'odieux foupçons ou de fatiguans reproches. Je ne l'en aimerois pas moins & gémirois en fecret, en me difant fans ceffe, j'ai perdu dans fon cœur la place que je devois y occuper, mais il confervera toujours la fienne au fond du mien. J'efpere, dit Monfieur Fenton, inquiet, ému, embarraffé. J'efpere.... je crois.... non.... jamais.... perdre dans le cœur de l'homme que vous aimez, vous, ma chere Amélie! Ah

vous

vous y gagnerez chaque jour......
mais pourquoi.... comment.... d'où
vient....quelle idée! que signifie ce
langage, dites, ma chere Amélie?
que voulez-vous me faire entendre?
Rien, puisque vous m'aimez, répondit-elle. Tanger entrant alors
interrompit cet entretien. Il venoit
demander de la part de Milord un
mémoire instructif. Fenton se retira
pour l'écrire. Il voulut ensuite faire
expliquer Amélie ; mais elle évita
soigneusement de reprendre cette
conversation. Comme elle ne changea point de conduite avec son
mari, ne lui montra aucune humeur,
il se persuada que ce nuage avoit
pû s'élever du chagrin de le voir
chercher à rentrer au service. Cependant elle ne s'étoit point oppo-

fée aux démarches de Tanger, &
fembloit même defirer que Milord
Manfel réufsît à lui procurer de
l'emploi.

Quinze jours fe paſſerent ſans
que Monfieur Fenton reçût un feul
meſſage de la part de Miſs Matheus.
Il fe crut oublié & fe félicita de l'être.
Mais James ne venoit plus le voir.
Sa négligence l'inquiéta. Il envoya
fçavoir s'il n'étoit point malade ou
abfent. Il fe portoit bien & n'avoit
pas quitté Londres. Fenton lui écrivit, fe plaignit de fon long oubli,
& le pria à diner. James ne lui fit
point de réponfe. Ce procédé le
furprit. Il aimoit fincérement le Colonel Elefmore, & ne croyoit pas
lui avoir donné fujet d'en ufer fi
mal avec lui. Compatiſſant à fa foi-

bleſſe pour Miſs Matheus, qui ſans doute occaſionnoit ſa mauvaiſe humeur, il réſolut de pardonner à ſa folle paſſion, de le chercher, de le ramener ; il attendit impatiemment le Dimanche, ſeul jour où il pouvoit en ſûreté parcourir la ville, & ſe rendit chez Sir James. On dit à ſa porte qu'il dormoit. Fenton ſe fit écrire, annonçant qu'il reviendroit. Une heure après il ſe préſenta une ſeconde fois. James étoit ſorti. Il demanda s'il reviendroit diner ; on dit qu'il ne rentreroit pas de tout le jour, & partiroit le lendemain pour la campagne. Pluſieurs carroſſes dans la cour prouvant à Fenton que le Colonel ſe faiſoit céler, & céler pour lui ſeul, il ſe retira très-mortifié, maudiſſant Miſs Matheus, son propre égarement, & trouvant son ami bien injuste de le punir d'une faute que le hasard seul lui avoit fait commettre.

Voulant dissiper un peu son chagrin avant de rentrer chez lui, il prit le chemin de Hyde-parc, & se promena long-tems, rêvant tristement à la bisarrerie de James, qui abandonnoit un tendre ami pour une maîtresse indigne de l'occuper un instant. Il marchoit assez vîte, quand il se sentit saisir par deux bras qui le serrerent étroitement. Il tourna la tête, vit le Colonel Maderty, & lui rendit ses caresses avec d'autant plus de vivacité & de plaisir, que jamais sa rencontre ne pouvoit lui paroître aussi agréable. Ils se détaillerent mutuellement leurs diverfes aventures pendant près de trois ans d'abfence. Sir George trouva très-mal à lui de s'être laiffé réformer. Un brave Officier, deux fois bleffé dans un fiege, fouffrir qu'on le ré- forme, difoit-il! fi l'affaire m'eût regardé, les deux Chambres en au- roient eu le démenti. Mais ces mau- dites Communes ne fçavent que retrancher; on fait la paix à tort & à travers, fans s'embarraffer des Officiers que cela n'avance pas. Il parla deux heures de la derniere guerre, des avantages de la valeur, loua beaucoup celle de Fenton, & n'oublia pas la fienne. Quand ce fujet fut épuifé, Monfieur Fenton fit enfin tomber la converfation fur James, & ne diffimula point qu'il étoit un peu mécontent de fa conduite à son égard. Et moi donc, dit Sir George, croyez-vous que j'en sois satisfait ? c'est bien le plus détestable mari !… Je pensois unir ma sœur à un homme, je lui ai donné un fat, un courtisan, occupé de lui-même & de cent platitudes inutiles; une tête folle, qui ne s'attache à rien de solide. En trois ans, pas un héritier ! pas un neveu ! pauvre Fanny ! mort & enfer ! Je l'aurois déjà rendu veuve, si elle ne m'avoit assuré qu'il lui étoit égal de l'être ou de ne l'être pas. Elle arrive demain à Londres ; je suis venu l'attendre, & depuis trois jours que j'habite la ville je n'ai pu rencontrer mon digne beau-frere… mais… enfin nous pourrons…je veux voir ma sœur mere de famille, ou j'enverrai James à tous les diables.

Je ne puis vous exprimer combien il m'est douloureux d'avoir à me plaindre de lui, dit Monsieur Fenton ; son procédé blesse l'amitié ; j'en suis extrêmement touché. Eh bien, reprit Sir George, il est des moyens usités en pareil cas ; vous les connoissez ; servez-vous en. Malgré son air de poupée, James est un brave militaire, capable de faire raison à un honnête homme. Jamais parent ni allié du Colonel Maderty n'évita les occasions ; ainsi je suis sûr.... Eh bon Dieu ! A quoi songez-vous, dit Monsieur Fenton ? vous n'avez qu'une idée dans la tête ; vous y rapportez tout ; est-ce de cela dont il s'agit ? James est mon ami ; il m'est cher, bien cher en vérité. Je n'ai nulle envie

G iiij

de le quereller, & si je me plains
de son cœur..... De son cœur, interrompit Sir Georges! prenez garde à ce que vous avancez, Monsieur, vous parlez du mari de ma
sœur. Sang & furies! s'il manquoit
de cœur je l'étoufferois. Voulez-
vous m'entendre, s'écria Monsieur
Fenton? je vous dis, vous répéte,
vous jure, que l'affaire n'est point
de cette espece. Loin de vouloir
attaquer la vie de James, je la dé-
fendrois au péril de la mienne. Mo-
dérez-vous, écoutez - moi. Si mon
dessein étoit de me battre, je ne
vous consulterois pas apparemment ; aurois - je besoin de votre
médiation ? Je vous la demande,
comme vous voyez. Servez - moi,
je vous en prie. James m'évite.

Voilà ce qui me fâche contre lui. Malheureusement de fâcheuses circonstances m'empêchent de paroître dans les lieux ou je pourrois le rencontrer & le contraindre à me donner des éclaircissemens sur sa conduite. Je ne veux que le voir, lui parler : deux momens d'entretien particulier termineront pour toujours nos légers différens. Fort bien, Monsieur, fort bien, dit gravement Sir George, je vous entends. Vous voulez que je vous ménage une rencontre, cela est prudent. Une explication sur le pré ; n'est-ce pas là ce que vous exigez ? Vous serez satisfait, mon ami, je vous le promets. Monsieur Fenton alloit répliquer, & montrer que sa patience commençoit à l'abandondonner, quand plufieurs Officiers du régiment des Gardes, qui dinoient avec le Colonel, vinrent les aborder. Ils fe promenerent un peu de tems enfemble. George & fes amis s'efforcerent d'engager Monfieur Fenton à fe mettre de leur partie. Il s'en défendit poliment, & les quitta, après avoir prié Sir George d'oublier ce qu'il lui avoit dit, & de n'en point parler à James. Il fe répentoit de s'être ouvert à cet extravaguant. Mais le Colonel n'avoit garde de renoncer à une commiffion de cette importance. Il lui ferra la main, & l'affura d'un air myftérieux qu'il rempliroit fes defirs.

En rentrant chez lui, Monfieur Fenton y trouva Tanger & fa femme. Ils y dinoient. Miftrifs Atkinfon vint un instant après , conduite par Milord Mansel. Il la ramenoit de l'Eglise où ils s'étoient rencontrés. Elle apprit à tout le monde la bonté de ce Seigneur. Il venoit de lui promettre une commission de Capitaine pour son mari. Le cœur d'Atkinson palpita de joie en l'écoutant, ses joues se couvrirent de rougeur. Il remercia Milord de la grace qu'il vouloit bien lui faire, & Amélie se montra fort sensible à la généreuse protection dont il honoroit un homme qu'elle estimoit. Mistriss Tanger lui dit tout bas, que sûrement elle obligeroit Milord si elle l'arrêtoit à diner. Amélie au-dessus de ce petit orgueil, qui souvent rend impolie, offrit en riant son diner à Milord Mansel, badinant elle-même de la frugalité du repas où elle l'invitoit. Il l'accepta avec joie. Cependant en retenant le Capitaine & sa femme, elle avoit donné des ordres, & la table de Miftrifs Atkinfon fe trouva affez bien fervie.

Amélie obfervant réguliérement le dimanche tint cercle après le diner au lieu de jouer ; ainfi on s'entretint en attendant l'heure de la promenade. Une fête brillante que préparoit l'Ambaffadeur de France, pour célébrer un heureux événement arrivé à la Cour de fon maître, fut le premier fujet de la converfation. Cette fête devoit fe terminer par une illumination & un bal mafqué. Miftrifs Tanger afsûra qu'elle la verroit ; on parla enfuite d'un livre nouveau. Milord Manfel demanda à Amélie quel genre de lecture l'attachoit le plus. La morale, Milord, répondit-elle. La morale, répéta-il d'un air surpris ! eh bon Dieu ! une jeune & belle personne préférer la morale à tant d'ouvrages amusans ! Oserois-je vous prier, Madame, de me dire ce que cela apprend ? A penser, repliqua-t-elle. Et à réfléchir tristement, ajouta-t-il ; le bel avantage ! n'est-ce point assez de souffrir ? faut-il encore rendre ses peines plus pesantes en s'en occupant ? Chercher la source de ses maux, c'est les augmenter. Vous me permettrez de croire, Milord, dit Amélie, qu'on peut employer la morale à un usage plus raisonnable & plus utile. Loin de rendre nos peines plus ameres,

elle nous accoutume à les fupporter ; nous foutient, nous confole ;
en fe pénétrant de la néceffité de
fouffrir, on fe foumet, on s'habitue
à porter courageufement fa part
d'un fardeau, dont les autres fe laif-
fent accabler : on ne fe fait point
un malheur des accidens légers qui
troublent continuellement la paix
d'une ame foible, abattue par la
moindre contradiction. Je refpecte
vos opinions, Madame, reprit Milord, mais je hais les moraliftes.
Leurs livres ennuient & leur commerce affomme. Ceux qui penfent
toûjours font trop avec eux-mêmes
pour devenir jamais agréables aux
autres.

C'eft peut-être l'hiftoire que vous
préférez, Milord, dit Monfieur Fen-

ton. Ah fi, s'écria Miftrifs Atkinfon !
comment peut-on lire l'hiftoire ! je
défie un bon cœur de s'en amufer
jamais. Que de meurtres ! de trahi-
fons ! de brigandages ! pour un honnête homme qui s'y rencontre de
tems-en-tems, on y trouve cent in-
fâmes, dignes du dernier fupplice.
Sur mon honneur je fuis de votre
avis, dit Milord ; d'ailleurs c'eft une
infipide lecture. Cela eft rarement
écrit, aucun détail, rien qui amufe ;
& puis à quoi bon fçavoir ce qu'on
faifoit à Athènes, à Rome, en Per-
fe ? où cela mene-t-il ? A rien du-
tout, dit Tanger, fi ce n'eft à s'ennuyer. Apprend-t-on dans ces livres
l'ufage du monde, les mœurs de fes
compatriotes, les goûts dominans
du fiecle ? Y démêle-t-on le carac-

tere des hommes avec lesquels on vit? Rencontre-t-on dans sa garnison, ou dans les camps, des Camilles, des Scipions, des Epaminondas? Va-t-on voir à leur toilette des Lucreces, des Artémises? soupe-t-on avec des Vestales? La Chambre des Pairs ou celle des Communes, sont-elles composées de Solons, de Licurgues, de Catons? Il faut, je crois, étudier son pays, bien connoitre son siecle, avoir l'esprit dont il fait cas. Eh bien, je vous approuve, dit Mistris Atkinson, un auteur grave m'est insupportable. L'historien me met en colere, & je regarde un moraliste comme un homme de mauvaise humeur, que la joie des autres importune. Mais n'est-il pas singulier qu'un extravagant se mette

en

en tête d'avoir à lui feul plus de raifon que le monde entier ? Il crie,
querelle, veut réformer, reprendre, inftruire ; perd fon tems & fa
peine, n'eft point écouté, ne cor-
rige perfonne ; & peut-être regret-
tant à foixante ans fon travail inutile, il voit mieux, fent fes torts, &
fe dit en foupirant : eh mon Dieu ,
que n'ai-je ri avec ces fous, fi aimables, fi féduifans, au-lieu de tenter
en vain de les rendre auffi mauffa-
des que moi ?

Que penfe Miftrifs Tanger, demanda Amélie? Moi, répondit-elle,
je profcris l'hiftoire & la morale ,
mais j'aime paffionnément les livres
agréables, fur-tout ces petits contes
charmans , où remettant d'abord
fous nos yeux les jours heureux de

l'enfance , on nous préfente une Fée la baguette à la main. Elle ne s'amufe point à élever des palais de diamants, à faire mille lieues en un moment. La baguette donne feulement l'art de differter long-tems fans changer de fujet. Rien n'eft plus commode pour le lecteur; car il peut fermer le livre au premier endroit , le r'ouvrir au hafard, & pourfuivre avec plaifir. Comme on traite fans ceffe le même point, on fe retrouve toûjours à la converfation, & l'on paffe vingt feuillets fans s'en appercevoir.

Madame lit des contes françois apparemment, dit Atkinfon. Oui, Monfieur, continua-t-elle, & j'en fuis folle. Ne vous plaifent-ils pas? J'en ai peu lû, ajoûta-t-il, & ne me

crois point affez habile dans la langue françoife pour décider du mérite d'un ouvrage que je puis entendre mal. Vous êtes modefte, dit
Amélie, vous en jugeriez très-bien ;
mais vous & moi connoiffons mieux
la Bruyere & la Rochefoucaut que
les livres dont parle Madame. Quoi,
Atkinfon prétend-t-il être un Philo-
fophe, s'écria Milord ? Je m'appli-
que au moins à le devenir, répondit-il. En vérité ; vous auriez cette
folie, pourfuivit Milord ? à votre âge
vous voudriez vaincre vos paffions ?
devenir un ftoïque, un fauvage ?
quelle manie !

J'envifage la Philofophie fous un
afpect bien différent, reprit Atkinfon, je la regarde comme l'art de
fe rendre heureux & de communi-

quer fon bonheur aux autres créatures. Elle ne détruit pas les paffions, elle en modere feulement l'impétuofité, & leur laiffe l'activité qui en fait des plaifirs. Vous penfez jufte, Atkinfon, dit Monfieur Fenton. Je ne fçais comment on eft parvenu à perdre l'idée de la Philofophie en confervant fon nom. En vérité, Milord, l'amour de la fageffe ne forme point des fauvages, mais des hommes doux, humains, compatiffans, fociables. Leurs voix ne s'élevent point avec aigreur contre les vices ou les erreurs; ils s'efforcent de s'en garantir & s'accoutument à les fupporter. Ce font des voyageurs, qui en marchant examinent une route dangereufe. Ils cherchent le fentier le plus droit, regardent avec douleur ceux qui s'égarent dans les chemins de traverse, les avertissent doucement du péril où ils s'exposent ; loin de haïr les imprudens qui méprisent leurs conseils, s'ils les voyent tomber, ils s'en approchent, pleurent sur eux, & leur tendent la main pour les retirer.

Admirable portrait, dit en riant Milord Mansel, mais en marchant toûjours tout droit on a sans cesse le même point de vûe, & cela devient lassant. Pensez-vous que ces chemins de traverse n'offrent pas mille amusemens variés ? & ne vous êtes vous jamais détourné, Monsieur ? En parlant d'un sage, je n'ai pas prétendu me désigner, repliqua Fenton, mais celui qui a le bonheur

de l'être. Ce bonheur ne me tente-
roit gueres, dit Tanger, j'aime affez
à courir au hafard. Croyez-moi,
Monfieur Fenton, celui qui réflé-
chit, s'avife de vouloir approfondir,
ne vit pas le plus content du monde. Heureux qui s'attache à la fu-
perficie : une touche légere donne
de l'agrément au même objet, qu'un
coloris plus fort rendroit effrayant.
Voyez une très-petite mouche éta-
ler au foleil l'azur & la pourpre de
fes aîles : rien de plus joli que ce
brillant infecte ; regardez-la au mi-
crofcope, c'est un gros monftre fort
paré & fort laid. Tout ce qui nous
plaît, nous féduit, nous enchante,
n'a dans le fond que l'avantage
d'être vû, & non pas examiné.

Si votre comparaifon eft jufte en

l'appliquant aux objets, dit Amélie, elle ne l'eft point en la rapportant aux fentimens & à la conduite. On ne peut trop fonder fon cœur, étudier fes mouvemens habituels, foit pour les fuivre, foit pour les réprimer. Une intime connoiffance de notre naturel eft la premiere que nous devons chercher à acquérir. J'aurois mauvaife opinion d'un homme qui craindroit d'approfondir fon ame, & ne pourroit fans chagrin réfléchir fur lui-même.

Vous penferiez mal de beaucoup de perfonnes, dit Milord, car il en eft peu qui fe plaifent à cet examen de leur intérieur. On l'évite foigneufement au contraire. Se diffiper, fe diftraire, s'amufer, n'eft-ce pas fe fuir, s'éloigner de foi-même ? Au reſte, on parle en général, reprit Tanger. J'eſpere, Madame, que mes diſcours ne me nuiront point dans votre eſprit ; rien ne me conſoleroit d'être l'homme dont vous prendriez une mauvaiſe opinion.

Son eſpérance fut déçue ; ces propos & ceux qui ſuivirent encore, commencerent à détruire l'eſtime qu'Amélie avoit pour le caractere de Milord Manſel. Elle le ſoupçonna de feindre des vertus dont la pratique lui étoit étrangere, & regarda Tanger comme un homme ſans principes & ſans délicateſſe. Elle cacha le jugement qu'elle portoit de ces deux perſonnes, & continua de vivre poliment avec une ſociété qui plaiſoit à ſon mari, & pouvoit lui devenir utile. Monſieur Fenton n'exigeoit rien d'elle ;

d'elle ; mais le defir vif & continuel d'obliger celui qu'elle aimoit, & fa complaifance naturelle, lui avoient depuis long-tems fait oublier en parlant à Monfieur Fenton, ce mot que l'amour & l'amitié ont banni de leur langage, ce *non*, d'où s'éleve infenfiblement la mefintelligence & le dégoût dans les commerces les plus intimes.

Milord Manfel donna la main à Amélie, & la conduifit dans le parc où elle alla fe promener. Tout le monde la fuivit, à l'exception de Monfieur Fenton. Craignant que le Colonel Maderty ne tînt à Sir James des propos capables de les brouiller tous deux fans retour, il refta chez lui pour écrire à fon ami. Il lui fit un détail exact de ce qui s'étoit paſſé le matin avec Sir George, le pria de ne point ajouter foi aux viſions d'un extravagant. Il finiſſoit en le conjurant de poſer la main ſur ſon cœur, & de ſe demander enſuite, ſi en traitant mal ſon plus ſincere ami, il ſe ſentoit content de lui-même. Il ſe hâta d'envoyer ſa lettre, & ſe rendit dans le parc, où il avoit promis d'aller rejoindre Amélie.

Sir James répondit avec une politeſſe froide à la tendre démarche de Monſieur Fenton. Il employa des expreſſions équivoques, & ſe ſervit de ces excuſes vagues, qui loin de juſtifier une mauvaiſe conduite, prouvent ſeulement que l'on connoît ſes torts ſans vouloir les réparer. Fenton ſentit vivement la

perte de cet ami. Il accuſa Miſs Matheus de s'être vengée de ſon indifférence en le luir aviſſant. Il plaignit
la foibleſſe de James, recommença
à ſe reprocher la ſienne, à déteſter
le moment où il avoit cru ne pouvoir, ſans une ſorte de groſſiereté,
ſe refuſer à des avances qui devoient
plûtôt exciter ſon dégoût, qu'émou-
voir ſes ſens. Il admira la contradiction des idées reçues, qui forcent
un homme poli à craindre de ſe
manquer à lui - même, s'il reſiſte à
des invitations preſſantes, lui dont
le ſentiment habituel eſt de mépri-
ſer la femme hardie qui oſe l'attaquer. Après de longues réflexions,
il prit enfin le parti de renoncer au
projet de ramener ſon ami, mais il
ne put ſe réſoudre à le bannir de ſon
cœur.   I ij

Le mardi au soir, il reçut par la poste de Londres un billet conçu en ces termes.

« Trouvez-vous demain, s'il vous » plaît, Monsieur, à Hyde-parc; on » vous y attendra à six heures du » matin, vers le rond; n'oubliez pas » votre épée, vous en aurez be- » soin ».

Le lieu du rendez-vous, choisi depuis long-tems pour terminer des querelles, l'heure & le style du billet s'expliquoient assez. Mais qui vouloit l'attirer dans cet endroit? étoit-ce James? Non sans doute, il ne se cacheroit point. De sa vie Monsieur Fenton n'avoit offensé ni desobligé personne. Trop brave pour refuser un défi, il résolut de se rendre au lieu marqué. Cependant

il rêva, foupira, penfa à fa femme, à
fon fils, fentit le ridicule du préjugé
bifarre auquel il falloit facrifier des
intérêts fi chers. Où alloit le conduire un point d'honneur fi mal entendu ? Peut - être vis - à - vis d'un
malheureux , indigne de fe mefurer
avec lui, que Mifs Matheus ou fa
belle-fœur engageoient à attaquer
fa vie ; car dans le monde entier il
ne fe connoiffoit point d'ennemi
excepté ces deux femmes.

Le lendemain au point du jour il
fe leva doucement, fortit fans bruit,
gagna Hyde-parc , & fe rendit au
lieu défigné. Il s'y promena long-
tems & s'impatienta beaucoup n'y
voyant arriver perfonne. Sept heures paffées, il commença à foupçonner une méprife, examina attentive-

I iij

ment le billet ; il s'adreſſoit à lui ſans aucun doute. Il réſolut d'attendre encore. Une demi - heure s'étant écoulée & ſon ennemi ne paroiſſant point, il regarda le défi comme une très-ſotte plaiſanterie, ſans imaginer de qui elle pouvoit venir. Il ſe reti-roit quand on l'appella par ſon nom. Il tourna la tête & vit le Colonel Ma-derty accourant à lui. Eſt-ce vous, lui dit en riant Monſieur Fenton, qui vous êtes amuſé à me faire ſor-tir ſi matin, ou vous auroit-on trom-pé par une pareille malice ? Je ſuis mortifié de vous avoir fait attendre, lui cria le Colonel, mais c'eſt ſans malice. Allons, Monſieur, tirez vo-tre épée. Y ſongez-vous, Sir Geor-ge, reprit Fenton tout ſurpris ? eh, à propos de quoi cette folie ? Folie, dit le Colonel ; défendez-vous, rien n'eſt plus ſérieux. Monſieur Fenton adroit & ſe poſſédant, forcé de mettre l'épée à la main, ſe conten- toit de parer en le priant d'arrêter, de s'expliquer, de lui apprendre le ſujet de cette extravagance incon- cevable. Le Colonel ſans l'écouter, s'irritoit de ſes ménagemens, s'a- vançoit ſur lui, le preſſoit, & le contraignit enfin de s'appliquer à le mettre hors de combat. Il le bleſſa au bras droit ; l'épée du Colonel tomba ; Fenton la releva, & voyant couler le ſang d'un homme qu'il étoit loin de haïr, il en fut ſenſible- ment touché ; ſes yeux ſe remplirent de larmes. Eſt-il poſſible, lui dit-il, que vous m'ayez forcé à une action que je me reprocherai toute ma vie?

I iiij

Pourquoi me voulez-vous tant de mal ? qui vous a fâché contre moi ? qu'ai-je fait ? Je me donne au diable si j'en sçais rièn, dit froidement le Colonel. Vous vous plaignez de James, James se plaint de vous ; je lui parle de votre part, il ne m'écoute pas ; j'insiste, je me trompe, dit-il ; je comprends mal ; vous démentez par une lettre les paroles que vous me faites porter ; mort & enfer ! un démenti à George ! un de vous deux me le donne. Puis-je supporter cela ? Il faut se couper la gorge avec l'un ou l'autre. Entre vous & mon beau-frere, j'ai cru devoir vous donner la préférence, afin que ma sœur n'ait rien à dire. Me voilà fort avancé. Parbleu vous êtes habile & heureux, Monsieur.

Me préserve le ciel de me croire heureux en ce moment, s'écria Monfieur Fenton. En vérité, mon cher George, vous me traitez cruellement. J'ai pu écrire que vous m'aviez mal entendu, fans vous donner un démenti. Vous devriez me connoître mieux. Pourquoi refufer de me parler, attaquer ma vie avec fureur, fans vouloir m'écouter? Mais voyons votre bras, pourfuivit-il en s'efforçant d'arrêter le fang du Colonel, & déchirant un mouchoir pour en faire des bandelettes ; laiffez-moi envelopper le mal en attendant qu'on y remédie. Sir George attendri de fa douceur, du regret qu'il montroit, du foin affectueux avec lequel il s'empreffoit à le fecourir, paffa autour de fon col le bras qu'il avoit libre, & le ferrant étroitement ; Par ma foi, Jemmy, lui dit-il, tu es un brave, un généreux garçon. Damné foit James, il a une maudite langue, un plus maudit efprit ; à préfent je fuis outré de ne m'être pas battu contre lui ; mais patience. Tu es un digne homme, un vaillant homme. Je t'aime de tout mon cœur ; donne-moi ta main ; de ce moment ami pour l'éternité. Tu n'es pas en colere, n'eft-ce pas ? Je fuis vraiment fâché de vous avoir bleffé, dit Monfieur Fenton ; mais venez, je vais vous conduire chez vous ; j'efpere que ce ne fera rien. Bon, c'eft une bagatelle, s'écria Sir George ; pourtant une autre fois tu me feras plaifir de ne pas choifir le bras ; c'eft defarmer trop tôt fon homme.

Ils fortirent du parc par la porte de Grovefnor, & fe rendirent dans Bond-ftreet où logeoit le Colonel. Le Chirurgien de fon régiment fut appellé ; la bleffure affez profonde n'étoit point dangereufe, aucun nerf n'avoit été touché. On lui mit un bras en écharpe, on le faigna de l'autre ; Fenton préfent à tout, refta jufqu'à midi près de lui, & le quitta avec promeffe de revenir le foir. Le Colonel lui fit mille careffes, le combla de politeffes & de complimens, le pria de ne pas manquer à le voir ; & depuis cet inftant il le tint pour un homme auquel perfonne ne pouvoit refifter.

En revoyant Amélie, Monfieur Fenton fentit une émotion auffi vive que fi l'abfence l'en eût féparé de-

puis long - tems, & qu'un heureux
hasard l'offrît à ses yeux. Songeant
à la douleur dont l'événement de
ce jour auroit pu pénétrer son cœur,
il s'attendrit, la serra dans ses bras
avec transport. L'aimable Amélie
remarqua sur son visage un mélange
de joie & de tristesse, garda le silence un moment ; & prenant ia
parole avec ce ton doux qu'elle ne
quittoit jamais : Eh, depuis quand,
lui dit - elle, cherchez - vous à me
cacher les mouvemens de votre
ame ? Hier sombre, pensif, vous
affectiez de la liberté d'esprit, même
de la gaieté ; aujourd'hui des sentimens variés se peignent dans vos
yeux. Vous avez des secrets.... Ah
Monsieur Fenton, Monsieur Fenton...... ne suis-je plus que votre

femme ? vous m'aviez tant promis.... hélas, le tems n'eſt plus....j'eſpérois au-moins. . . . oui je croyois conſerver toujours le titre & les droits d'une amie. Sur quoi penſez-vous les avoir perdus ces droits, ma chere Amélie, dit en rougiſſant Monſieur Fenton ? Me ſuis - je jamais déguiſé avec vous ? En changeant de couleur, vous répondez à votre queſtion, reprit Amélie ; ce trouble eſt la preuve certaine d'un reproche intérieur. Mais mon cœur auſſi indulgent que ſenſible ne veut point affliger le vôtre. Plus de confiance vous aſſureroit peut-être une tranquillité dont vous ne jouiſſez plus. Ce diſcours étonna Monſieur Fenton. Amélie continuant lui demanda pourquoi Sir James ne venoit plus le voir. Entierement déconcerté à ce nom, Monfieur Fenton ne put diffimuler fon embarras. Tout ce qui fe rapportoit à Sir James, rappellant Mifs Matheus à fon fouvenir, le faifoit trembler en préfence d'Amélie. Pourquoi, dit-il en héfitant? En vérité je ne fçais. Il eft peut-être malade ou abfent. Ce doute me furprend de votre part, ajouta Amélie. Eh, quel fujet fi intéreffant vous occupe donc? Quoi, cet ami, fi cher autrefois vous eft-il devenu indifférent? Non, reprit Monfieur Fenton, mais on m'a dit qu'il étoit allé chercher fa femme. Elle eft depuis trois jours à Londres, repliqua Amélie. Voilà un billet qu'elle m'écrit, & j'attends fa vifite ce foir. Heureufement pour MonfieurFenton on annonçaMilord Manſel ; il apportoit à Amélie des fleurs très-rares, venoit lui demander du thé, & apprendre à Monſieur Fenton que ſa prétention avoit paru juſte, & qu'avant trois jours on répondroit à ſon Mémoire conformément à ſes deſirs. Afin de leur épargner des remerciemens, qu'il ſçavoit bien ne pas mériter, il changea tout-de-ſuite d'entretien, & propoſa une promenade ſur la Tamiſe. La viſite qu'Amélie attendoit le ſoir lui fit refuſer cette partie de plaiſir. Milord parut mortifié de ſe voir privé d'un amuſement ſur lequel il comptoit. Son deſſein étoit de leur donner à diner à Hampton-court & d'en revenir fort tard. Il montra de bonne foi cet embarras qu'éprouvent ſouvent ſes pareils pour paffer la moitié d'un jour. Dans la vûe d'abréger le tems dont il ne fçavoit que faire, Monfieur Fenton lui offrit fon diné. Milord l'accepta. Sous prétexte d'achever de s'habiller, Amélie les quitta un inftant, & fut donner fes ordres chez Miftrifs Atkinfon.

Son féjour à Londres commen- çoit à lui caufer beaucoup d'inquié- tude. Le Docteur Harrifon ne re- venoit point, n'écrivoit plus. Étoit- il malade ou fâché contr'elle? S'il tardoit long-tems, comment fe fou- tiendroit-elle à la ville? Monfieur Fenton, noble, libéral, confultoit moins fes facultés que fon goût dans fa façon de vivre; il ignoroit com- bien l'économie journaliere eft dé- rangée par la plus petite augmen- tation.

ration. Amélie n'ofoit lui faire des repréfentations, elle craignoit de le mortifier. Il ne pouvoit fortir librement, aller chercher fes amis ; le priveroit-elle du plaifir de les recevoir chez lui ? Cependant les frais extraordinaires confumant ce qui devoit fuffire pour paffer trois mois à Londres, elle fit revenir de la Province plufieurs habits fort riches, & facrifia en fecret ces reftes de fon ancienne aifance à l'amufement de fon mari. Par ce moyen elle continua à lui procurer la douceur de voir du monde & fe mit en état de faire tenir une table honnête à Miftrifs Atkinfon. Mais cette reffource étoit la derniere. Si elle l'épuifoit avant l'arrivée du Docteur, comment y fuppléer ? Ces réflexions, &

Tome III. K

de plus triftes encore, l'occupoient le jour dans fes momens de folitude , & fouvent la nuit interrompoient fon fommeil. Elle cachoit fes peines fous un air doux & riant, & fon cœur bleffé par un trait cruel, renfermoit en lui-même fes vives douleurs.

A fept heures Monfieur Fenton retourna chez Sir George. Il le trouva couché fur une chaife longue, & Lady Elefmore affife près de lui. L'air froid & cérémonieux dont cette Dame reçut fes premiers complimens, lui rappella le portrait que Mifs Matheus lui en avoit fait. Lady Elefmore lui parut très-différente de cette Mifs Fanny, fimple, unie, avec laquelle il vivoit familierement à Montpellier. A préfent compofée, grave, affeƐtée, elle perdit beaucoup dans fon eftime. Il excufa James, & trouva naturel qu'il cherchât ailleurs des plaifirs qu'une femme de ce caraƐtere ne pouvoit lui donner.

Le Colonel Maderty, devant dîner ce même jour chez fa fœur, & defirant cacher fon aventure, lui avoit envoyé dire, que tombé de cheval le matin à la chaffe, deux contufions affez douloureufes le forçoient à garder la chambre. Lady Elefmore, dont tous les mouvemens fe regloient fur l'étiquette du monde poli, jugea qu'une vifite de dix minutes fuffifoit pour fe montrer fenfible à ce léger accident; ainfi un inftant après l'arrivée de Monfieur Fenton, elle regarda fa montre, fe récria fur le paffage rapide du tems, fe leva, falua négligemment fon ancien ami, lui dit que dans une heure elle efpéroit le revoir chez Amélie, & fortit en priant fon frere de ne plus s'expofer à la chaffe, proteftant qu'elle s'étoit prefque évanouie à la nouvelle de fa chûte.

Ni la politeffe, ni l'amitié ne l'engageoient à rechercher Amélie ; la curiofité feule la conduifoit dans cette démarche. Lady Elefmore, couverte de pierreries, rempliffant une fuperbe chaife, précédée & fuivie de plufieurs Valets, vouloit voir, examiner, comment une femme, jeune & belle, élevée au milieu du monde, deftinée à y tenir un rang, foutenoit la privation de ces dehors brillans auxquels on attache tant de prix. Il eſt rare que les perſonnes fort riches comprennent combien l'élévation des ſentimens peut mettre une ame noble au-deſſus du vain éclat qui les environne, l'accoutumer à le contempler ſans envie ou ſans regret, & à chérir en elle-même des avantages plus réels & moins dépendans du haſard.

Après le départ de Lady Eleſmore, Fenton prit ſa place auprès du bleſſé. Il commençoit à lui demander avec intérêt comment il ſe trouvoit, quand un grand bruit ſe fit entendre ſous les fenêtres. Un Valet du Colonel entra auſſi - tôt, criant que trois hommes aſſaſſinoient Sir James. Traverſer l'appartement, franchir l'eſcalier, courir, voler dans la rue, charger ces ſcélérats, les mettre en fuite, ce fut l'ouvrage de deux momens pour Monsieur Fenton. Un de ces misérables, blessé de sa main, tomba à dix pas. On apprit de lui le nom du lâche qui l'employoit. C'étoit un Irlandois, joueur & fripon, démasqué à Bath en présence de Sir James, & tout récemment chassé par lui de plusieurs maisons, ou sous l'apparence d'un étranger distingué il exerçoit ses vils talens. Un Connétable attiré par les cris de la populace, se saisit du blessé, & reçut les ordres de Sir James pour arrêter l'Irlandois. Tout étant calme, Monsieur Fenton voulut rentrer chez Sir George. Mais James jettant ses bras autour de lui & le pressant avec tendresse : Non, mon ami, non mon brave & digne ami, lui dit-il, vous ne me quitterez point ainſi, vous m’obligerez encore une fois, & plus ſenſiblement peut-être ; vous m’écouterez. **Ma** conduite a été ridicule, mon procédé malhonnête, dur, offenſant, il ne mérite point d’indulgence ; mais malgré tous mes torts, j’oſe croire que vous m’aimez encore. Si je vous aime, s’écria Monſieur Fenton ! ah ſoyez-en ſûr, mon cher James. Vous avez bleſſé l’amitié dans mon cœur, j’ai ſouffert de votre indifférence, mais je n’ai pû l’imiter. Eh comment cette hautaine Matheus change-t-elle un ſi aimable caractere ? ah mon ami, eſt-ce vous qui m’avez fermé votre porte, qui me ſacrifiez à une coquette indigne de vos ſoins.

James convint en rougiſſant qu'il avoit promis à Miſs Matheus de rompre tout commerce avec lui. Il entra dans un détail aſſez long de ſes chagrins, du caractere ſingulier de cette fille. Je ne ſçais, diſoit-il, par quel art l'enchantereſſe me ſéduit, mais je ſuis ſubjugué. Jamais ſot Provincial ne fit près d'elle un plus pitoyable perſonnage. Elle ment avec impudence ; pendant qu'elle parle, je me le dis, m'en aſſure, & inſenſiblement ſon ton impérieux, ſon inſolence m'en impoſent ; je me ſurprends quelquefois tout prêt à la reſpecter. Elle me querelle, me hait, me mépriſe, me ruine, & malgré cela le diable m'y attache.

Monſieur

(121)

Monſieur Fenton plia les épaules
& rêva triſtement. Son ami lui paroiſſoit auſſi malheureux que dérai-
ſonnable. Après un moment de ſilence : James, lui dit-il, vous re-
gretteriez ſans doute un jour l'ami
que vous auriez ſacrifié, ſi ſon cœur
conſentoit à vous perdre. Mais une
femme de cette eſpece ne ſe vantera
point d'avoir rompu les liens de notre amitié. Contentez en apparence
les caprices de Miſs Matheus ; fei-
gnez d'approuver ſon dépit, ſa haine , tous ſes ſentimens ; mais ne les
partagez pas. Conſervez de la ten-
dreſſe pour un homme digne de
votre eſtime. Je me prêterai à vos
foibleſſes ; voyons-nous rarement,
en ſecret ſi vous le voulez, mais
voyons-nous, aimons-nous. Qu'il

ne vous soit jamais reproché d'avoir maltraité, abandonné un ami, par le mouvement inconsidéré d'une folle passion.

Sir James fort ému, regarda fixément Monsieur Fenton. Avec cette incroyable bonté de cœur, lui dit-il, avec tant de générosité, comment avez-vous pû manquer a la parole que j'exigeai de vous? pourquoi tenter de voir cette fille? Tenter de la voir, elle, Miss Matheus, s'écria Monsieur Fenton? qui vous l'a dit? Elle-même, reprit James. Et vous ajoutez foi aux discours de cette méchante créature, repliqua Monsieur Fenton? vous croyez ce qui blesse l'honneur de votre ami? si je n'excusois un si triste aveuglement, si je n'étois disposé à vous

traiter comme un homme en dé-
lire, fongez-vous où pourroit nous
conduire cet éclairciffement ? Oui
j'y fonge, répondit James ; mais la
furie qui fe plait à déchirer mon
cœur y fait fouvent paffer toute fa
rage. J'ai vû l'inftant où emporté
loin de moi j'étois capable. Il
s'arrêta. D'attaquer mes jours peut-
être, dit Monfieur Fenton ? Mon
ami, répartit vivement Sir James, je
n'y furvivrois pas ; fi j'échappois à
vos coups, ma main feroit couler
tout mon fang après le votre ; mais
fi je vous voyois heureux avec cette
fille, je ne répondrois point. . . . Ah
n'achevez pas, interrompit Fenton,
je ne puis fupporter ce langage dans
votre bouche.

C'étoit en allant & revenant fur

leurs pas devant la porte de Sir George qu'ils s'entretenoient. Un valet du Colonel vint les prier de sa part d'entrer. Il s'impatientoit & vouloit sçavoir l'aventure de son beau-frere. Sir James contenta sa curiosité. Un inftant après les deux amis fortirent enfemble ; ils furent au bord de la Tamife reprendre une explication qui fe termina enfin par de mutuelles affurances d'une éternelle amitié, & par mille fer- mens de la part de Fenton de ne revoir jamais Mifs Matheus.

Milord Manfel avoit quitté Amé- lie de bonne heure. Il connoiffoit Lady Elefmore & craignoit de fe trouver avec elle. Médifante & rail- leufe, elle pouvoit par fes plaifan- teries éclairer Amélie fur fon caractere. A l'arrivée de cette Dame, son ancienne compagne courut la recevoir & l'embraſſa dix fois avant de remarquer le peu de ſenſibilité qu'excitoit cet accueil careſſant. Mais appercevant bien-tôt la nouvelle méthode de Fanny, elle prit ſoin de s'y conformer; de tendre, d'obligeante, d'empreſſée, elle devint ſeulement polie. Un peu choquée des airs de Lady Eleſmore, elle ſe montra auſſi fiere de ſes propres avantages, que la riche épouſe de Sir James paroiſſoit vaine de ſa fortune.

Cette Dame l'accabla de queſtions, s'étonna de lui voir un teint ſi fleuri, tant de fraîcheur, des yeux ſi brillans. Eh bon Dieu, ma chere, lui dit-elle ! comment après vos diſgraces êtes-vous si belle ? en vous regardant on vous croiroit très-heureuse. Je le suis aussi, dit Amélie. Ma seule disgrace a été de perdre ma mere. Aucune autre peine ne s'est fait sentir à mon cœur. Ah vous n'êtes donc pas entierement deshéritée, reprit Lady Elesmore ? Pardonnez-moi, répondit-elle. Mais un événement fâcheux ne répand pas une éternelle amertume sur nos jours. On en est d'abord affectée, l'idée s'en affoiblit ensuite, & l'on s'accoutume enfin à n'y plus penser. Ah Seigneur ! à n'y plus penser, répéta Lady Elesmore ! eh qui peut se consoler de sa ruine ? je ne supporterois point un si terrible changement dans ma situation. Que faire ? que devenir ? Quand le monde effrayé de notre chûte, s'éloigne, se retire, nous abandonne à notre tristeſſe ; quand nous ne pouvons plus partager ſes plaiſirs, que mettre à la place de ces amuſemens vifs & variés que l'aiſance procure ? La douceur de vivre tranquille, dit Amélie, ſans ennui, ſans embarras & ſur-tout ſans contrainte : le charme flatteur de plaire, d'être aimée, d'aimer ſoi-même. Eh ! à qui donc plaire, demanda Lady Eleſmore ? de qui être aimée ſi on ne voit perſonne ? Notre ſociété eſt toujours aſſez étendue, reprit Amélie, quand nous raſſemblons autour de nous les objets qui ſont chers à notre cœur & nous préferent à tout le reſte du monde. Sir James m'avoit aſſuré que vous viviez ſeule au fond d'une

L iiij

province, ajouta Lady Elefmore, & je vous plaignois, en vérité. Seule, Madame, j'y vivois avec Monfieur Fenton. Eh, qui s'avifa jamais de regarder fon mari comme compagnie, s'écria Lady Elefmore ? Mais c'eft moi, dit Amélie en riant, & vous plaifantez fans doute. Je ne croirai point que vous vous trouviez feule quand Sir James eft près de vous. Près de moi, lui, Sir James, repliqua-t-elle d'un ton dédaigneux ! Ah, grace au ciel, nous n'avons point l'infipide manie de nous plaire enfemble, de nous afficher pour un tendre couple. Bon Dieu ! deux momens de folitude, un quart d'heure paffé tête-à-tête nous accableroit, nous feroit mourir d'ennui.

(129)

La conversation se soutenoit sur
ce ton peu intéressant, quand Nany,
la femme-de-chambre d'Amélie,
entra toute en désordre, les mains
élevées, criant : ah, Madame ! ah
Milady ! un malheur affreux, un horrible événement ! Sir James. . . . .
Hélas !. . . est-il là, demanda froidement Lady Elesmore ? Gracieux
ciel, dit Nany ! je le voudrois, m'en
coûtât-il pour le regarder tout ce
que je possede. Il est mort; on vient
de l'assassiner. Un Connétable a en-
levé son corps percé de cent coups
d'épée. Le laquais de Monsieur Atkinson l'a vû de loin, rien n'est plus
certain.

En vérité, ma chere, dit Lady
Elesmore, vous avez à votre service
la plus insoutenable brute qui fût

jamais. Où cette groſſiere créature apprit-elle à annoncer de cette ſorte un pareil événement à une perſonne délicate ? Je ſuis très-pâle, n'eſt-ce pas ? un ſaiſiſſement produit des effets terribles. Je vais m'évanouir, je crois ; faites-moi donner des ſels, je vous prie.

Amélie tremblante, s'informoit des circonſtances du malheur de Sir James, demandoit timidement s'il étoit ſeul ou accompagné dans ce fatal inſtant. Pénétrée d'horreur, une crainte inquiette troubloit encore ſon ame. Où eſt Monſieur Fenton à préſent ? eh mon Dieu où eſt-il, diſoit-elle ? il ne rentre pas ſi tard ordinairement.

Malgré ſes allarmes & ſa terreur, elle préſentoit des eaux & des ſels à Lady Elefmore, s'efforçoit de ranimer fes efprits & de foutenir fon cœur. Cette Dame renverfée dans un large fauteuil pouffoit des cris & des gémiffemens terribles. Que je fuis malheureufe de ne pouvoir pleurer, difoit-elle; je me meurs, je le fens. Ah Seigneur! après fix mois d'un ennuieux féjour dans mes terres; quand j'arrive à Londres; quand j'ai fait une dépenfe exceffive pour y paffer l'automne & l'hiver; perdre tant de plaifirs que je me promettois; m'envelopper de crefpes; fermer ma porte; me voir environnée de parens, de gens d'affaires, cela eft-il fupportable? Mes parures arrivées de France, mes étoffes, ma nouvelle voiture, je ne pourrai rien montrer; tout eft perdu ; la mode aura changé trois fois avant qu'il me soit permis de reparoître dans le monde.

Pendant qu'elle faisoit entendre ces tristes plaintes, James & Fenton se présenterent à la porte de la chambre. Amélie par sa position les vit d'abord. Transportée de joie elle courut au-devant d'eux. Venez consoler Milady, dit-elle tout bas à Sir James ; un faux rapport vient de l'allarmer & l'a jettée dans un étrange chagrin. De quoi s'agit-il donc, qu'a-t-elle, demanda-t-il en s'approchant & lui parlant ? Vous trouvez-vous mal, Madame ? Lady Elesmore souleva un peu sa tête, tourna languissamment les yeux, apperçut son mari, tréssaillit, poussa un grand cri, & se renversant encore: Ah Monſieur, lui dit-elle, vous m'avez fait une furieuſe peur, je vous croyois mort !

Après avoir expliqué aux deux Dames la cauſe du bruit répandu de ſon aſſaſſinat, Sir James invita Amélie à ſouper chez lui. Elle conſentit à y aller. Lady Eleſmore envoya chercher ſon carroſſe, & le ſoir ſe paſſa fort agréablement. Le bal de l'Ambaſſadeur de France ſe donnoit dans deux jours ; Lady Eleſmore engagea Amélie à l'y accompagner. Ces ſortes d'amuſemens étoient peu de ſon goût ; cependant elle le voulut bien. On convint de ſouper chez Monſieur Fenton, de s'y maſquer, & l'on ſe ſépara, en ſe promettant de ſe voir ſouvent & de vivre familierement enſemble.

Le lendemain Amélie étant feule dans fon cabinet, Miftrifs Atkinfon criant, pleurant, entre comme une folle, fe jette fur un fiége, embraffe étroitement Amélie: Tout eft perdu, lui dit-elle, c'en eft fait, je fuis malheureufe pour jamais. Atkinfon, votre ami, mon mari, cet homme que je croyois fi doux, fi tendre, fi fincere, c'eft un fauvage, une bête féroce. Ne prenez point fon parti, au nom du ciel, Madame, ne le défendez pas. Je le hais, je le détefte, je ne veux plus vivre avec lui. Eh, d'où vient, qu'a-t-il fait, demanda Amélie ? Il m'a trompée, reprit-elle, il ne m'aime point, il ne m'eftime pas : il eft fans confiance, fans fentiment, fans politeffe ; il méprife mes larmes, dédaigne mes prieres ; c'eft une brute, vous dis-je.

Votre affliction me touche, mais vos plaintes m'étonnent, reprit doucement Amélie. Atkinſon vous aime, il vous aime beaucoup ; vous ignorez combien ſon cœur eſt ſenſible & honnête. Eh, ſur quoi jugez-vous ſi mal de lui ? Sur tout, en vérité, dit-elle, & vous en penſerez comme moi. Vous ſçavez, Madame, continua-t-elle, qu'il ſortit hier avec Milord Manſel. Je l'attendis à ſouper ; il ne vint point. Vous étiez couchée quand il rentra. Loin de le bouder, de le gronder de m'avoir laiſſée ſeule, je cours à lui les bras ouverts. Je vois ſon viſage enflammé ; il lance autour de lui des regards furieux, va, vient, court, s'arrête, leve les yeux au ciel, joint ſes mains, les ſépare & les rejoint

en les frappant l'une contre l'autre
avec violence : enfin il se laisse tomber sur un siége comme un homme
sans force, accablé, déchiré par une
douleur intérieure. Son état m'allar-
me ; je m'empresse à lui demander
ce qui le trouble, le fâche ou le chagrine. Il fixe sur moi des regards
égarés, ne me voit pas, ne m'entend point, ne me répond rien. Je
le prie de parler, il soupire. Je le
conjure de m'ouvrir son cœur : laissez moi, ma chere amie, laissez-
moi, dit-il, j'étouffe, je me meurs ;
j'ai besoin d'être seul. Alors il s'arra-
che de mes bras, entre dans son cabinet, s'y enferme. Je l'entends se
plaindre, gémir, menacer ; la nuit
passe, le jour paroît : impatiente, je
le force enfin de m'ouvrir. Il cede

en

en murmurant à mes inſtances ; je crois qu'il va s'expliquer : non, il s'échappe, il fuit, ſort comme un fou, ſans s'embarraſſer de l'inquiétude où il me laiſſe. Ah mon Dieu ! pourquoi l'ai-je aimé ? pourquoi l'ai-je épouſé ? J'étois ſi heureuſe !.. ſe taire, s'en aller......je me ferai ſéparer, j'y ſuis réſolue, oui tout-à-l'heure.....Vous n'y ſongez pas, dit Amélie. Pardonnez-moi, Madame, reprit-elle vivement, cela ſera. Dans l'inſtant je vais conſulter un habile Avocat. Rien, rien au monde ne me contraindra à vivre avec un homme qui ne ſçauroit me voir, m'entendre, me parler toûjours, à toute heure, à chaque moment du jour & de la nuit. Je veux ſçavoir

Tome III.   M

ce que mon mari pense, ce qui l'intéresse. S'il est triste, je veux pleurer avec lui. S'il est fâché, il peut me gronder, je le souffrirai ; mais des secrets pour moi, pour sa femme, je ne supporterai point cela, non, non, non, & cent fois non.

Doucement, doucement donc, dit Amélie. Faut-il prendre un parti si brusquement ? Si des mouvemens violens agitent Atkinson, n'est-ce point de sa part une tendre attention de se souftraire à votre vûe, d'attendre qu'il soit plus calme pour vous parler ? S'il craint de vous faire partager ses peines, pourquoi attribuer à son peu de confiance des ménagemens dont vous devez lui être obligée ? Ah grand Dieu ! obligée, s'écria Mistriss Atkinson ! jamais, Madame, jamais. J'ai le caractere vrai, le cœur ouvert ; je suis sincere, j'aime la bonne foi, la franchise : entre deux personnes unies, ia reserve est une trahison. Quoi, dit Amélie, si vous pouviez épargner un extrême chagrin à votre mari en lui cachant des secrets dont la confidence ne pourroit que l'affliger ; croiriez - vous bien faire en les lui découvrant ? Bien ou mal, repliqua Miftrifs Atkinson, je les lui dirois tous, par une raifon très-simple, c'eft qu'il me feroit impoffible de les lui taire. Ma chere amie, reprit en foupirant Amélie, il eft une fincérité indifcrette ; elle tient à la dureté. Il faut renfermer dans fon cœur le fecret dont la connoiffance peut inquietter ou affliger un ami. Dire

M ij

tout ce que l'on fçait, tout ce que l'on penfe, c'eft fe fatisfaire foi-même & montrer plus d'étourderie que de confiance. Eh je vous prie, Madame, répartit Miftrifs Atkinfon d'un ton impatient, à quoi fert le filence prudent de mon mari ? Atkinfon me chagrine ; il vaudroit mieux ce me femble qu'il m'affligeât par fa confiance que par fa referve. Mais, dit encore Amélie, attendez au-moins..... Je n'attendrai point, reprit-elle en fe levant. Écoutez.... Pas un feul mot, Madame. Atkinfon a tort ; fon procédé eft impardonnable ; il a promis de me bien traiter : je devois être fon amie, fa compagne : il manque à fes engagemens, je romprai les miens. Brouillés ce matin, féparés ce foir, nous ferons libres demain. Je vais consulter l'affaire, adieu. Êtes-vous raisonnable, dit Amélie en s'efforçant de la retenir ? Ne sortez point, souffrez.... Elle parloit en vain, la petite mutine lui échappa, & la laissa fort inquiette de ce qui pouvoit être arrivé au pauvre Atkinson.

Comme elle y rêvoit, lui-même vint s'offrir à ses yeux. Il étoit pâle, abattu. En le voyant, Amélie ne douta point qu'un événement très-fâcheux ne causât son chagrin. Elle lui tendit la main, le fit asseoir près d'elle ; & de ce ton affectueux qui annonce plus d'intérêt que de curiosité, elle le pria de lui ouvrir son cœur & de lui confier ses peines. Si la prudence me permettoit de vous les cacher, Madame, lui dit-il, rien ne me détermineroit à cette trifte confidence. Depuis hier je combats des mouvemens furieux. J'en arrête l'impétuofité. J'oppofe la raifon au defir violent d'une jufte vengeance, je m'efforce de vaincre mon reffentiment. La voix de l'humanite doit étouffer le cri de l'honneur qui s'éleve du fond de mon ame. J'ai une femme. Sa fortune eft indépendante. Jeune, vive, aimable, elle pourroit fe confoler de ma perte ou de mon exil ; mais ma mere, ma pauvre mon honnête mere, dont les mains font fans ceffe élevées vers le ciel pour lui demander la confervation de l'appui de fa vieilleffe, l'affligerai - je ? remplirai-je fon cœur d'amertume, moi qui l'ai fi fouvent fait tréfaillir de joie ?

Eh qui la foutiendra fi je l'abandonne, fi je m'ôte les moyens de
la fervir & de la confoler ?

Amélie émue de l'action tendre
dont Atkinfon accompagnoit ce difcours, attendoit en filence qu'il s'ex-
pliquât. Un de ces préfentimens na-
turels aux cœurs fenfibles, lui faifoit craindre d'être intéreffée dans
ce qu'on alloit lui apprendre. Je me
vois forcé, Madame, pourfuivit Atkinfon, de vous découvrir un horrible complot formé contre Monfieur
Fenton & contre vous. Ah que vous
m'effrayez, dit Amélie ! Sir James
m'affura hier qu'il avoit vû ma fœur
le matin. Elle eft à Londres, elle
va m'y perfécuter fans doute, & fa
haine. . . . . . Vous avez un enneni
plus puiffant & plus dangereux, Ma-

dame, interrompit Atkinſon. Je vais vous ſurprendre, répandre la terreur dans votre ame ; mais mon zèle, mais mon attachement ne me laiſſent pas la liberté de me taire. C'eſt Milord Manſel dont vous devez vous défier. Milord Manſel, s'écria Amélie ! lui, l'ami, le protecteur de mon mari ; hélas, hier encore il lui a promis........ Il le trompe, veut le trahir, Madame, dit vivement Atkinſon ; daignez m'en croire. Son projet n'eſt pas d'obliger Monſieur Fenton, il cherche ſeulement à l'éloigner. L'aſpect d'un homme aimé, & ſi digne de l'être le bleſſe en ces lieux ; c'eſt à la Jamaïque où il ſe promet de l'envoyer. Demain la commiſſion ſera ſignée. Le poſte eſt honorable ;

après

après l'avoir rempli six ans, Monsieur Fenton pourra prétendre un
emploi brillant en Angleterre, &
Milord ne doute point que ses soins
n'excitent sa reconnoissance & sur-
tout la vôtre.

Eh bien, Atkinson, de quoi l'ac-
cusez-vous donc, dit Amélie éton-
née ? il nous sert & vous le blâmez ?
qu'importe en quels lieux il nous
procure un établissement si, comme
vous l'annoncez, il est honorable,
& si Monsieur Fenton doit en être
satisfait. Je puis me trouver heureuse par-tout où je le verrai content. Où vous le verrez, Madame,
repliqua Atkinson ? eh serez-vous
la maîtresse d'accompagner ses pas ?
est-ce pour vous laisser quitter l'Angleterre que Milord place votre

Tome III.   N

époux? ah fi vous fçaviez quel prix il attend de fes indignes foins. . . . . mais eſt-il néceſſaire de vous en dire davantage?

Je ne fçaurois vous comprendre, reprit Amélie ; comment, pourquoi me voudroit-on féparer de Monfieur Fenton? Milord Manfel attend une récompenfe de fes foins? quel eſt donc ce myſtere? parlez, expliquez-vous fans détours. Je fuis bien malheureux, repartit Atkinfon, de ne pouvoir être entendu fans entrer dans un détail révoltant pour vous, & humiliant pour moi; apprenez, Madame, de combien d'ennemis vous êtes environnée. Milord Manfel ofe vous aimer; Tanger eſt un infâme, fa femme la plus vile des créatures. Ils s'étoient engagés tous deux à vous féduire, ou du-moins à vous livrer fans défenfe aux entre-prifes hardies d'un homme dont ils fervent depuis long-tems le goût & les penchans. En réfléchiffant fur l'exécution de ce projet, le lâche Tanger a tremblé, a craint le reffen-timent de votre époux ; il a exigé qu'on l'éloignât. Milord a follicité une commiffion pour les Colonies. Pendant qu'il travailloit à l'obtenir, Miftrifs Tanger eft devenue fenfi-ble au mérite de Monfieur Fenton, elle n'a pu confentir à fon exil : des conteftations, des querelles fe font élevées entre ces miférables. Tan-ger a voulu prendre un ton d'auto-rité avec fa femme ; elle l'a menacé de tout découvrir à Monfieur Fen-ton. Milord ennuyé de leurs débats,

N ij

irrité contre eux, me conduifit hier chez lui. Ne croyant pas mon cœur au-deſſus du ſien, il a eu l'audace de s'ouvrir entierement à moi. Les bontés dont vous m'honorez, Madame, votre amitié pour ma femme lui ont fait imaginer qu'il nous feroit facile de vous perfuader de refter à Londres. Une compagnie d'Infanterie & mille guinées feront ma récompenfe ſi je réuſſis à vous fixer ici. Si vous vous obſtinez à partir, on trouvera les moyens de vous enlever. On forcera Monſieur Fenton de s'embarquer feul. Quand il fera arrivé au-lieu de ſa deftination, on vous remettra dans les mains de ma femme. En vous faiſant valoir cette grace, ſes ſoins & les miens vous engageront à montrer de la complaisance pour les desirs de Milord.

Qu'entends - je, s'écria Amélie ! quelle trame odieuse ! quoi cet homme a pu croire ! . il osoit penser !... l'infame se flattoit ! . . Mais poursuivez : qu'avez-vous répondu ? Rien, Madame, reprit Atkinson. Pendant qu'il parloit je cherchois en moimême quelle bassesse dans ma vie donnoit à cet impudent Lord la hardiesse de m'insulter, de me faire rougir. Saisi, troublé, agité de mille mouvemens, je n'ai pu trouver une seule expression; la honte & l'indignation serroient mon cœur & lioient ma langue. Mais en me pressant de répondre, de l'assurer de mon zele à le servir, le nom d'ami qu'il m'a donné a porté ma fureur à l'excès. Je me levois, j'allois le saisir, le renverfer, le fouler fous mes pieds, quand fa fœur, fuivie de plufieurs Dames, eft entrée dans la falle. Sa préfence a fauvé fon frere. Je fuis forti, malgré la priere qu'il me faifoit de refter. J'ai marché long-tems fans fçavoir où mes pas me conduifoient. Seulement occupé du defir de me venger, je ne fongeois qu'à répandre le fang d'un monftre. De plus froides réflexions fe font préfentées ce matin à mon efprit. Je me fuis rappellé les leçons du Docteur Harrifon. Elles ont un peu calmé la premiere agitation de mon ame. Au fond cet homme n'a peut-être pas cru m'outrager : fans honneur, fans principes, il feroit lui-même pour un autre, ce qu'il me propofoit de faire pour lui. Ses pareils rougiffent-ils de rien? Ils fe fervent ou fe nuifent quand leur intérêt l'exige, & rompent fans égards & fans remords tous les liens de la fociété.

Amélie joignit les mains, leva au ciel fes yeux remplis de larmes, refta un moment fans parler; enfuite regardant triftement Atkinfon, Je n'avois point encore reffenti tout le poids de l'infortune, dit-elle. Quelle étrange pofition eft la mienne! comment dois-je me conduire? Je ne puis cacher à Monfieur Fenton ce que je viens d'apprendre. Lui laifferois-je accepter cette place? marquer de la reconnoiffance à ce vil protecteur? L'idée feule d'avoir confenti à recevoir un bienfait de fa main, me pénetre de honte & de douleur. Ah, gardez-vous, Madame, de fuivre ce projet indifcret, reprit Atkinfon ! Si vous parlez, vous expofez Monfieur Fenton au plus grand des malheurs. Sera - t-il capable de modération fur un fujet fi fenfible, fi délicat ? il fe perdra fans doute. S'il fe venge, où fuira-t-il pour fe dérober aux pourfuites d'une famille puiffante ? & s'il fuccombe, que deviendrez-vous ? Ah, s'écria Amélie, pourquoi ai-je négligé les avis du Docteur Harrifon ; pourquoi ai-je vû ma fœur ! Cette fatale démarche m'a conduit à Londres. O mon cher Atkinfon ! depuis que j'habite ici, plus d'un trait a percé mon cœur, & les peines que je cache ne font peut-être pas les moins cruelles. Il alloit lui demander l'explication de ce langage, quand on lui apporta une lettre; elle étoit d'un de ſes parens, Miniſtre à Oſterly, chez lequel Judith Atkinſon demeuroit depuis dix-huit mois.

En ſe voyant honoré d'une commiſſion de Sa Majeſté Britannique, le premier ſoin d'Atkinſon avoit été d'engager ſa mere à affermer ſon verger; non qu'il rougît d'être le fils d'une Jardiniere, ou deſirât cacher la pauvreté de ſa famille, mais ſeulement dans le deſſein de procurer du repos à la bonne & ſimple femme. Il employoit une partie de ſa paye à lui rendre la vie douce, alloit la voir, lui écrivoit réguliére- ment, & penſoit avec plaiſir qu'en s'avançant dans le ſervice, il auroit la facilité d'augmenter l'aiſance & le bonheur de fa mere. Le Miniftre d'Ofterly lui écrivoit que Judith fe trouvoit fort mal , & demandoit avec empreffement la fatisfaction de voir, d'embraffer & de bénir encore une fois fon fils.

Atkinfon jetta un cri douloureux, fe leva, courut appeller , donner des ordres , & rentrant le vifage inondé de larmes : Ma mere fe meurt, Madame, dit-il à Amélie ; je cours auprès d'elle. Au nom du ciel daignez appaifer la colere de ma femme. Ce brufque départ va l'irriter encore. Mon filence l'a fâchée. Si ma vie feule dépendoit de ma confiance en elle, aucun fecret ne lui feroit caché ; mais comment lui en découvrir un dans lequel vous êtes fi intéreffée? elle haïroit trop vos ennemis pour se contraindre en leur présence ; sans le vouloir elle apprendroit d'abord à Monsieur Fenton ce qu'il est important de lui laisser ignorer, au - moins pendant un peu de tems.

Eh, pourrai-je retenir moi-même les marques de mon indignation, dit Amélie ? supporterai-je la vûe de ce vil Lord ? celle de l'infâme Tanger ? verrai-je sa misérable compagne assise à mes côtés, se flatter dans son cœur de me contempler bientôt au rang des malheureuses de sa classe ? Elle aime Monsieur Fenton, dites - vous ? helas, s'il le sçavoit, il en seroit peut-être flatté. Je ne le croyois ni vain ni foible : mais son cœur a bien changé ! Atkinson surpris alloit parler lorsque fa femme parut à la porte du cabinet. En appercevant fon mari elle voulut fuir, mais il l'arrêta. La petite perfonne étoit vraiment fâchée ; elle le repouffoit de la main, juroit de ne point pardonner. Cependant fa colere céda infenfiblement à un mouvement plus doux ; les inftances d'Amélie, les careffes d'Atkinfon la ramenerent bien-tôt à fon naturel tendre, & la bonté de fon cœur éclata dans cette réconciliation. Elle embraffa cent fois fon mari, pleura avec lui, vouloit le fuivre à Ofterly, mais il la pria de refter. Il partit, & Amélie demeura livrée à mille inquiétudes.

Milord Manfel, perfuadé qu'un homme comme Atkinfon devoit fe trouver heureux d'augmenter fa for-

tune fans s'embarraffer des moyens
qui pouvoient le conduire à fon
avancement, avoit fait peu d'attention à la façon dont fa confidence
étoit reçue, & ne doutoit point que
l'efpoir de la récompenfe n'enga-
geât Atkinfon à le fervir. Il fe préfenta le foir chez Amélie. On lui dit
par fon ordre qu'elle fe fentoit un
peu incommodée & ne voyoit perfonne. Une heure après il lui envoya
plufieurs billets du bal de l'Ambaffadeur de France, & lui fit demander
la permiffion de l'y accompagner
le lendemain.

Jamais embarras n'égala celui
d'Amélie en recevant ce meffage.
Occupée de tant d'idés fàcheufes
pendant le jour, elle avoit oublié
l'engagement pris avec Lady Elef-

more d'aller à ce bal. Ces fêtes souvent plus tumultueuses qu'agréables, donnent une liberté qui semble rendre tout excusable. La femme dont l'air est le plus imposant, perd de sa dignité dans une parure consacrée à la folie. Elle inspire moins de respect ; on lui tient sous le masque des propos qu'on n'eût osé lui faire entendre ailleurs. Amélie craignoit que Milord Mansel ne saisît cette occasion de l'entretenir, de lui découvrir une partie de ses sentimens. Elle desiroit ardemment de ne point aller au bal. Mais comment rompre une partie déjà liée ? que dire à Monsieur Fenton, à Lady Elesmore ? Pendant qu'elle y rêvoit, Mistriss Atkinson vint la consulter sur un doute qui commençoit à la tourmenter beaucoup. On venoit de lui apporter un domino parfaitement bien garni. Elle le tenoit à la main, & vouloit sçavoir d'Amélie si l'absence de son mari & la cause de cette absence lui interdisoient absolument le plaisir de se masquer le lendemain & de mettre ce joli domino, qui étoit un présent d'Atkinson. Amélie alloit lui dire son avis quand elle entendit Monsieur Fenton. Elle remit sa réponse à un autre tems, chargea Mistriss Atkinson de congédier le valet-de-chambre de Milord Mansel, en lui disant de rapporter à son maître que, si elle alloit au bal, ce seroit avec Lady Elesmore.

Le lendemain, Sir James & sa femme se rendirent chez Monsieur

Fenton à l'heure du souper. Miſtriſs Atkinſon ſe trouva mal un inſtant avant qu'on ſervît, & ſe retira pour ſe mettre au lit. James en parut fort fâché. Après le repas Lady Eleſmore prit un domino très - galant qu'elle avoit fait apporter. Amélie en mit un blanc, tout garni de gaſe d'argent, & le plus joli qu'il fût poſſible de voir. Prête à partir elle entra chez Miſtriſs Atkinſon afin de ſçavoir ſi elle repoſoit. Elle revint maſquée en faiſant ſigne d'aller doucement. Sir James lui donna la main, la conduiſit à ſa chaiſe, & tous quatre ſe rendirent à l'hôtel de l'Ambaſſadeur de France où ils entrerent avec difficulté, par la quantité de monde qui y étoit déjà.

A peine Lady Eleſmore & ſa

compagne

compagne avoient-elles percé la foule pour arriver au milieu de la principale piece où l'on danfoit, qu'un tourbillon les fepara malgré leurs efforts. La Dame en domino blanc fut arrêtée par un Arménien. Sir James repouffé vers l'entrée ; Lady Elefmore portée à l'extrémité de la falle, & Fenton faifi d'un côté par une Marmote, & de l'autre par une Bergere couleur de rofe & argent: ces deux mafques fe le difputerent vivement, refuferent de fe céder, & jurerent de ne pas l'abandonner de toute la nuit. En effet, on l'entraîna dans un coin ; on l'y tint fi bien qu'il lui fut impoffible de fe dégager. La Bergere étoit tendre. Elle lui parloit de fes moutons, de la beauté des champs, de l'ombre

des bois, du murmure des eaux, &
l'affadiſſoit par ſon ton paſtoral. La
Marmote au contraire, malicieuſe,
folle & méchante, ſe moquoit d'elle
& de lui, railloit la Bergere, badi-
noit Fenton ; & s'il faiſoit un mouvement pour s'échapper, elle ſe fâ-
choit, le mordoit, l'égratignoit ou
le pinçoit de toute ſa force.

Il avoit ſi parfaitement oublié le
plat jargon du bal, qu'il ne comprenoit point-du-tout l'agrément des
impertinences dont ces deux femmes l'étourdiſſoient à l'envie l'une
de l'autre. La Bergere ſoupiroit, lui
ſerroit doucement le bras, lui donnoit de petits noms careſſans, lui
offroit ſa houlette & ſon cœur, deſiroit qu'il conduisît ſes troupeaux
dans les riants pâturages où elle

menoit le sien. Elle cherchoit à lier un entretien particulier ; mais l'active Marmote ne laiſſoit pas à Fenton le loiſir de l'écouter. Elle le tiroit, l'obligeoit à ſe défendre de ſes continuelles malices ; elle jettoit du ridicule ſur les diſcours de la tendre Bergere, ſur ſa taille un peu épaiſſe, trouvoit ſa parure de mauvais goût, ſon air gauche & ſon ton mauſſade. Vous feriez mieux de nous quitter, lui dit-elle enfin ; ſi vous me donnez de l'humeur, vous pourrez vous en repentir, car je ſçais qui vous êtes. A quoi bon ennuyer ce maſque ? vous ne le connoiſſez pas.

Je le connois très-bien, reprit la Bergere : c'eſt vous-même dont l'erreur cauſe l'obſtination ; car aſſurément vous vous méprenez. Moi me méprendre, s'écria la Marmote ? jamais! Je sçais positivement à qui je m'adresse. Voyons donc, dit la Bergere, ce masque est… Un sot enfant, interrompit la Marmote, un fat à la mode, un petit - maître nouvellement arrivé de ses voyages. Il traite mal les femmes, trompe leur attente sur tous les points, les méprise, les quitte sans égards, se vante de leurs faveurs, est ingrat, perfide & méchant. Cependant des folles comme vous & moi s'empressent à l'attirer. Il vit en mauvaise compagnie, je le sçais, j'en ai pitié, & c'est pour l'approcher de la bonne que je m'en empare.

Fenton éclata de rire à ce portrait où il étoit loin de se reconnoître. Et vous, dit-il à la Bergere,

fous quels traits m'allez-vous repré-
fenter ? Sous les feuls qui vous con-
viennent, reprit - elle, fous ceux
d'un homme aimable, charmant.....
Charmant, cria la Marmote ! fur
mon honneur vous ne le vites jamais. Oui charmant, je le répete,
continua la Bergere. Il n'a point le
caractere que vous lui donnez. Si
on peut lui reprocher un défaut,
c'eft d'ignorer combien il poffede
de graces, combien il eft formé
pour plaire. Trop de modeftie le
rend timide, réfervé, même froid.
Il ne s'apperçoit pas des fentimens
qu'il infpire, ou néglige d'en profiter........ La fade créature extrava-
gue, s'écria la Marmote. Lui froid,
timide, réfervé ? l'homme que voilà,
ajouta-t-elle en frappant un grand

coup sur l'épaule de Monsieur Fenton, est le plus audacieux, le plus hardi, le plus impudent des mortels ; & s'il vous respecte, il faut que vous soyez un monstre de laideur.

Je suis très - jolie, reprit la Bergere avec dédain, mais vos discours me fatiguent. Cessez de nous gêner, laissez - nous. Une pareille proposition vous décele, Mistriss, dit aigrement la Marmote ; accoutumée à montrer de la complaisance, vous vous croyez en droit d'en exiger à votre tour. Mais comme je n'aurai jamais besoin de vos bons offices auprès du riche Pasteur dont vous travaillez à augmenter le bercail, il ne me plait pas de vous satisfaire. Ce propos déconcerta Mistriss Tanger. C'étoit elle qui vouloit fous le mafque inftruire Monfieur Fenton des fentimens de fon cœur, & fonder les difpofitions du fien. Elle fe remit cependant, répondit avec hauteur ; la Marmote fe fâcha; elles fe querellerent. Fenton s'empreffa de profiter du moment pour fe retirer. Ma foi, Mefdames, leur dit-il, vous vous trompez toutes deux, ainfi permettez-moi de terminer votre difpute en vous laiffant. Non, vous refterez, reprit la Marmote. On fçait affez que la fuite vous a tiré de plus d'un embarras ; mais vous n'en fortirez pas aifément cette nuit. Nouvelle preuve de votre méprife, s'écria la Bergere. Vous parlez au plus vaillant Pafteur de la contrée...... Bonne & ennuyeufe

Aſtrée, dit la Marmore, faites-moi le plaiſir de vous taire & de vous retirer. Si on vous a prié de garder ce maſque, je me charge de votre emploi. Cédez à mes deſirs, ou craignez mon indiſcrétion. Ce joli mouton ſe changeroit bien vîte en loup pour vous, s'il ſçavoit que vous cherchez à égarer ſa brebis la plus chérie, & le puiſſant Seigneur de votre hameau ne vous défendroit pas de ſa rage ſi vous lui étiez mieux connue. Un diſcours ſi piquant & ſi vrai, ſurprit Miſtriſs Tanger, la fit trembler & la rendit confuſe, ſans pouvoir deviner quelle femme le lui adreſſoit ; elle n'oſa repliquer, & s'éloignant peu-à-peu, elle ſe perdit inſenſiblement dans la foule.

Fenton heureuſement débarraſſé

de

de l'une, crut en se démasquant se délivrer de l'autre. J'espere, Madame, dit - il en se montrant, que je n'offre point à vos yeux le fat ou l'impudent dont vous parliez à l'instant. Pardonnez - moi, Monsieur Fenton, reprit - elle, je parlois de vous-même. Mais je puis vous présenter un visage propre à faire disparoître la sérénité du vôtre. Cessant alors de déguiser sa voix : tremblez, ingrat, dit-elle d'un ton fier, tremblez devant la femme que vous avez trahie, insultée, sacrifiée, quand elle s'occupoit uniquement du soin de vous prouver sa tendresse.

Monsieur Fenton frémit en reconnoissant Miss Matheus ; sa chaussure toute plate diminuoit si fort la hauteur ordinaire de fa taille, qu'il ne lui étoit pas feulement venu à l'efprit que ce pût être elle. Il porta les yeux autour de lui pour voir s'il n'appercevroit point James. Le chagrin que lui caufoit cette rencontre obfcurciffoit fon front, fe peignoit fur tous fes traits. Il ne pouvoit parler. Mifs Matheus eut le tems de l'accabler de reproches & d'injures, avant qu'il trouvât la force de lui répondre.

Je l'avoue, dit-il enfin, ma conduite a dû vous déplaire ; mais vous avois-je promis d'en tenir une autre ? ignoriez-vous ma pofition, mes fentimens, mes devoirs... Eh, ne deviez-vous rien à mon amitié, interrompit-elle, à ma complaifance, à mes foins ? falloit-il me céder baſſement à un autre , montrer mes lettres , vous vanter de mes bontés, envoyer James au lieu où je vous attendois ? Pour prix d'une ſi tendre affection , vous m'avez lâchement trahie, durement abandonnée ; vous êtes un perfide ; je vous hais ; je vous méprife du fond du cœur. Le defir de me venger, de vous punir, peut ſeul vous rappeller encore à ma mémoire.

Si mon ami a été de bonne foi, dit Monfieur Fenton, il vous aura appris que le hafard l'inſtruifit de tout. Vous ne devez pas m'accufer d'indifcrétion ; votre nom ne m'é-chappa jamais dans la confidence où m'engageoit le befoin d'un con-feil.... Déteſtable impudence, in-terrompit encore Mifs Matheus ! ne

donnâtes-vous pas ma lettre à votre ami? Eh, sçavois-je qu'il en reconnoîtroit l'écriture, repliqua-t-il? Souvenez-vous, Miſs, du myſtere dont vous couvrites vos liaiſons avec James : en les apprenant de lui-même, m'étoit-il poſſible de lui refuſer une promeſſe de ne point le troubler dans les ſoins qu'il vous rendoit? Ne pouvant jouir d'un bien dont il deſiroit ardamment la poſſeſſion, ne devois-je pas l'aider à l'acquérir? J'admire votre inſolence & la ſienne, répartit vivement Miſs Matheus; de quel droit prétendez-vous me donner à lui? à quel titre diſpoſez-vous enſemble de mon cœur, ou de ma perſonne? Ne vous emportez pas, Miſs, dit Monſieur Fenton, ne parlez pas ſi

haut. Bon Dieu, avec quelle véhé-
mence vous vous exprimez ; voulez-vous raffembler autour de nous
une foule curieufe ? On s'arrête, on
vous écoute. Que m'importe fi on
m'entend, reprit-elle ; & le voyant
rattacher fon mafque, vous vous
cachez en vain, Monfieur Fenton,
cria-t-elle, je vous ferai connoître.
Vous m'avez trahie, indignement
trahie, je veux le dire, le répéter,
l'apprendre à tout le monde.

Monfieur Fenton treffailloit à chaque mot qu'elle prononçoit. Depuis
un moment il croyoit voir Amélie
affife à peu de diftance, entre un
Arménien & cette même Bergere,
qui venoit de les quitter. En feignant
de l'empreffement pour procurer
un fiége à Mifs Matheus, il s'effor-

çoit de l'éloigner de ce lieu. Elle suivit ses regards inquiets & devina le sujet de son trouble. L'habitude où elle étoit d'aller au bal lui faisoit reconnoître sous le masque tous ceux qu'elle examinoit un instant. Au commencement de son séjour à Londres, Milord Mansel l'ayant vûe à Chelsea où elle prenoit l'air avec Summers, la fit suivre, apprit où elle logeoit, & chercha à s'introduire auprès d'elle. Mistriss Tanger dont le mari se trouvoit alors absent, loua par l'ordre de Milord un appartement dans la maison où demeuroit Summers, afin de se procurer la facilité de séduire sa femme, ou de lui enlever sa maîtresse. Milord Mansel la visitoit comme son parent, & vit plusieurs fois Miss Matheus chez elle. Mais les ſoins de Miſtriſs Tanger infructueux auprès de Miſs, ne ſervirent qu'à découvrir ſa baſ-ſeſſe & ſon infâmie. Summers la fit chaſſer honteuſement de la maiſon, & Milord Manſel frappé d'un autre objet abandonna cette pourſuite.

Le ſoir qu'Amélie ſoupa à Ken-ſington, Miſs Matheus s'y prome-noit. Elle évita la vûe de Fenton; mais ayant apperçu Miſtriſs Tanger avec lui, elle jugea que Milord Manſel étoit touché des charmes d'Amélie. Par une ſuite de cette idée, elle tint à la confidente de Milord les propos ſinguliers qui l'étonnerent, l'interdirent, & lui firent abandonner Monſieur Fenton à la pénétrante Marmote.

Dirigée par les yeux de Mon-

fieur Fenton, Mifs Matheus ob-
ferva attentivement la Dame au
domino blanc, découvrit Milord
Manfel fous l'habit d'un Arménien.
La Bergere affife à côté du mafque
en blanc, la tête tournée vers Monfieur Fenton, & paroiffant attentive à tous fes mouvemens, l'affura
qu'Amélie elle-même s'entretenoit
avec Milord. Charmée de fe voir
maîtreffe de tourmenter Monfieur
Fenton, de l'effrayer; la prévoyance
ne réuffit pas toujours, lui dit-elle.
La vôtre a fans doute furpaffé mon
adreffe. J'ai voulu inftruire Amélie
de vos infidélités; j'ignore par quel
moyen vous m'avez privée du plaifir que je m'étois promis; mais la
crainte où je vous vois m'apprend
qu'elle jouit encore d'une erreur

que je vais détruire : rien ne s'oppo-
sera cette nuit à mon deffein. Je
veux m'approcher d'elle, lui parler,
l'amufer par le récit intéreffant de
vos aventures de Newgate: Milord
Manfel ne les trouvera pas inutiles
à fes projets, & la Bergere Tanger
en concevra fans doute d'agréables
efpérances.

Un mouvement qu'elle fit pour
s'avancer vers la banquette où
étoient ces trois mafques, mit Fenton
hors de lui - même: Y fongez vous,
Mifs , dit - il en paffant un bras autour d'elle , & l'arrêtant ? Quel eft
ce procédé, Monfieur, cria-t-elle en
fe débaraffant? aurez - vous l'audace de me faire violence? Si vous ne
ceffez de me retenir, je vais éclater,
rendre nos différens publics : crai-

gnez tout d'une femme outragée.

Fenton defefpéré de fe voir exposé au caprice & à la rage de cette furie, crut devoir chercher à l'adoucir. Eh bien, vous êtes libre, dit-il en retirant fon bras, vous pouvez m'affliger fi vous le voulez ; & prenant fes mains, les ferrant entre les fiennes : Que les tems font changés, Mifs, ajouta - t - il ! vous avez donc oublié celui où dans la même attitude, preffée contre mon fein, vous ne me traitiez point d'audacieux. Infoutenable infolence, reprit-elle ! maudit foit à jamais l'inftant. . . . Non, ne le maudiffez pas cet inftant, interrompit Fenton, il fit mon bonheur & le vôtre. Croyez-vous, Mifs, continua-t-il d'un ton careffant, qu'il ne m'en coute rien pour m'arracher au plaifir de vous voir, de cultiver des fentimens fi flatteurs, fi capables de me rendre heureux ? ah ! fans le double engagement qui me lie, jamais, jamais l'aimable Mifs Matheus n'auroit eu fujet de fe plaindre de moi. Oh Monfieur Fenton, dit-elle en foupirant ! pourquoi n'ai-je trouvé en vous qu'un ingrat ? Les circonftances m'ont forcé de le paroître, reprit-il affectueufement, il ne m'eft plus permis de me livrer à mes feuls defirs ; mais le fouvenir de vos bontés me fera toujours cher, il ne s'effacera point de ma mémoire ; je regretterai toute ma vie le bien précieux dont l'honneur & l'amitié m'engagent à me priver.

La réponfe de Mifs Matheus af-

fura Fenton qu'elle commençoit à
fe calmer. Il employa toute fon élo-
quence à fe juftifier. Cette fille bifarre l'écouta paifiblement, fe laiffa
conduire dans une autre falle. Sa
colere & fa paffion fe montrerent
tour-à-tour ; mais l'envie de ramener Fenton, de renouer un tendre
commerce avec lui, l'emporta fur
fon dépit. Après la plus longue explication elle lui accorda un pardon
conditionnel. Elle exigea de lui une
promeffe formelle d'aller la voir,
même de fouper chez elle le lendemain. Aucunes repréfentations ne
la firent départir de fa volonté abfo-
lue. Elle traita d'impertinentes con-
ventions les paroles données à fon
ami ; ne reçut point d'excufes ; fa
réponfe étoit prête à toutes les ob-

jeƈtions. En fortant du bal, Sir James alloit à Windfor avec le Prince de Galles, une partie de chaſſe l'y retiendroit deux jours. Fenton héſita, éprouva de la peine à ſe déterminer. Il ſentoit de la répugnance à la tromper, & plus encore à la fatisfaire ; cependant il falloit contenter ſes defirs ou s'expoſer à un éclat terrible ; elle retourneroit chercher Amélie, diſoit-elle, lui parleroit, feroit plus encore ; il promit donc, & un entretien plus tranquille ſuccéda à leur querelle.

Miſs Matheus lui montra une haine extrême pour Sir James, lui peignit les folies de cet amant malheureux, ſon amour, ſa jalouſie, ſes tranſports, ſa rage, & le plaiſir qu'elle goûtoit à l'allarmer, à le maîtrifer, à l'affujettir & à le chagriner. Enfuite elle lui demanda comment il s'étoit lié avec une femme de l'efpece de Miftrifs Tanger, lui apprit la façon de penfer de Milord Manfel, le vil caractere de Tanger, & les baffes complaifances qui lui attiroient la protection de ce Lord. Fenton fçavoit que Mifs Matheus chargeoit un peu fes portraits, cependant il refta frappé de ce qu'il venoit d'entendre, fentit un regret véritable d'avoir approché d'Amélie deux malheureux fi méprifables, & rougit en fongeant à ce qu'on pourroit penfer des affiduités de Milord Manfel chez lui. Avant de le quitter, Mifs Matheus l'obligea de lui renouveller fa promeffe, & prenant un ton fort férieux : Monfieur Fenton, lui dit-elle, Sir James s'attend à me voir ici; je vais prendre le déguifement fous lequel il pourra me reconnoître. Ne croyez pas m'abufer. Je vous obferverai foigneufement. Si vous lui parlez, fi vous me trahiffez une feconde fois, rien ne vous fauvera de mon jufte reffentiment. Craignez de m'irriter; ce ne fera pas en attaquant vos jours que je me vengerai, j'adrefferai plus furement mes coups, ils pénétreront dans votre cœur. Le fupplice ou la mort ne m'effrayent point, vous le fçavez; fi je vous attends demain en vain, rappellez-vous Summers & tremblez pour Amélie. En finiffant ces mots elle s'éloigna de lui. Un Abbé, qui depuis leur entrée dans cette falle,

paroiſſoit endormi ſur la même banquette où ils étoient aſſis, fit alors
un grand mouvement, ſe renverſa
les mains élevées au-deſſus de ſa
tête, pouſſa un cri étouffé & des
exclamations propres à perſuader
qu'il ſe ſentoit atteint d'une douleur
ſubite : enſuite il ſe leva bruſque-
ment, & ſe déroba à l'importunité
de ceux qui l'entouroient avec le
deſſein de le ſecourir.

Inquiet & chagrin, Monſieur
Fenton n'étoit gueres en état de
s'occuper des autres. Cependant
après avoir fait quelques pas ſur
ceux de Miſs Matheus, il lui vint à
l'eſprit que cet homme déguiſé en
Abbé, & enveloppé d'un grand
manteau, pouvoit être Sir James. Il
voulut ſe rapprocher de l'endroit
où

où il venoit de le laiſſer ; mais le Prince de Galles arrivant, la foule qui le ſuivoit entraîna Fenton malgré lui & le ſépara du maſque qu'il cherchoit ; il ne ſongea plus qu'à retrouver Amélie & à ſortir avec elle d'un lieu où il craignoit de rencontrer encore Miſs Matheus, s'il s'obſtinoit à rejoindre ſon ami.

Il parvint difficilement dans la ſalle où il croyoit avoir laiſſé Amélie, & ne la vit point à la place où il eſpéroit qu'elle ſeroit encore. Lady Eleſmore y étoit, mais elle ne put lui donner des nouvelles ni de James ni d'Amélie. Après pluſieurs tours fatiguans & inutiles, Monſieur Fenton apperçut enfin les trois perſonnes dont il avoit pris tant de ſoin d'écarter Miſs Matheus. Des banquettes placées dans l'embrasure d'une fenêtre formoient une espece de petit amphitéâtre, au haut duquel il vit l'Arménien, la Bergere & le domino blanc. Il se démasqua, fit signe à Amélie de descendre, & lui montra qu'il vouloit se retirer. La Dame parut l'entendre. Par un mouvement de son éventail & des gestes expressifs elle lui marqua que son dessein n'étoit pas de quitter le bal. Il redoubla ses signes, elle continua les siens ; il s'impatienta, elle rit ; enfin quelqu'un se levant, il eut la liberté de s'approcher d'elle, & lui dit d'un ton ému, combien il s'étonnoit de lui voir si peu de complaisance pour ses desirs.

La Dame masquée lui demanda en déguisant sa voix, si elle n'étoit

(187)

pas en droit de lui faire le même
reproche, lui tint de vrais propos
de bal, lui dit mille folies, le plai-
fanta fur cette envie de fe retirer,
fe plaignit de l'empire marital &
tyrannique auquel il prétendoit l'affujettir, protefta qu'il ne la prive-
roit point d'un plaifir innocent, permis à toutes les femmes de fon âge,
& fe tournant vers l'Arménien elle
le prenoit pour juge; mais il fe tai-
foit & fembloit ne pas vouloir être
connu. Elle continuoit à rire, & ne
paroiffoit point-du-tout embarraf-
fée de l'air furpris & fâché de Monfieur Fenton.

Miftrifs Tanger lui demanda tout
bas & d'un air myftérieux fi l'infolente Marmote qui l'avoit retenu fi
long-tems caufoit l'humeur où elle

le voyoit. Il ne l'écouta point, & prenant Amélie par la main, il la pressa de le suivre, de ne pas lui laisser penser qu'elle préféroit un si fade amusement au plaisir de l'obliger. Après un peu de résistance elle se leva enfin, & se tournant vers l'Arménien, qu'elle sembloit quitter à regret : Demain au moins, lui dit-elle tout haut, à mon réveil, ou je ne croirai ni vos discours ni vos sermens. Ces paroles firent une cruelle impression sur l'esprit de Monsieur Fenton. Quoi, Amélie connoissoit le langage de la coquetterie, se plaisoit à entendre ces propos si vains, qu'elle dédaignoit autrefois ; elle venoit de montrer de la répugnance à suivre son mari, elle l'avoit traité de jaloux, de bisarre, & pres-

que de fâcheux : livré aux plus tristes réflexions , Monsieur Fenton
conduisoit en silence la Dame qui
causoit son chagrin ; ils traverserent
toutes les salles sans se parler , prirent des chaises & arriverent à leur
demeure. Pendant que Fenton satis-
faisoit les porteurs , sa compagne
monta très-vîte l'escalier. Quand il
entra chez Amélie , elle vint à lui
déjà deshabillée , aussi tranquille,
aussi assurée que si elle n'eût pas dû
redouter les reproches d'un mari
mécontent.

L'air sombre de Monsieur Fenton
changea bien-tôt sa contenance. Il
se promenoit à grands pas , alloit,
revenoit sans jetter les yeux sur elle,
& paroissoit fortement occupé de
ses idées. Enfin s'arrêtant devant

l'inquiette Amélie : Que vous difoit Milord Manfel, Madame, lui demanda-t-il ? que doit-il faire demain pour vous engager à croire fes fermens ? fur quoi defire-t-il votre crédulité ? que vous juroit-il & quel fervice attendez-vous de lui ? Au nom de Milord Manfel Amélie pâlit, elle héfita fur ce qu'elle devoit dire n'ofa parler, l'effroi la faifit. Des mots fans fuite, fans liaifon furent fa feule réponfe. Son trouble confterna Monfieur Fenton. Quoi, Madame, dit-il, interdite, tremblante ! quel eft donc le fujet de cette étrange terreur ? depuis quand me craignez-vous ? Amélie leva les yeux fur lui, elle apperçut de la colere dans les fiens. Vous m'interrogez bien durement, lui dit-elle d'un ton timide

& trifte, que me demandez-vous? Ce qui vous attachoit fi fort au bal, Madame, ce qui vous y retenoit, vous infpiroit tant de gayeté, d'enjouement, des faillies fi vives, & fur-tout l'explication de vos dernieres paroles à Milord Manfel. En vérité, Monfieur, reprit-elle, je ne me fuis point amufée au bal ; je n'ai pas la moindre idée des difcours qu'on y tenoit, & affurément Milord Manfel n'a pû m'y parler.

Qu'entends-je, s'écria Fenton tranfporté, furieux, hors de luimême! eft-ce vous, Amélie? eft-ce bien vous, dont la bouche s'ouvre au menfonge? quoi, vous niez..... Eh, pourquoi non, reprit Miftrifs Atkinfon, en fortant du cabinet d'Amélie? regardez-moi, Monfieur;

eſt-ce Madame que vous venez de ramener du bal ? Fenton la voyant coëffée comme Amélie, ſon maſque à la main, ayant encore ce domino blanc, qui lui avoit cauſé tant d'inquiétudes différentes, reſta muet, oſant à peine en croire ſes yeux. Ah, ah, continua Miſtris Atkinſon, vous ſçavez donc quereller ? cet air marital vous va bien, en vérité ; allons vîte à genoux devant Madame, demandez-lui pardon de vos bruſqueries ; à ſa place je ne vous écouterois point, je bouderois, mais elle eſt ſi bonne ! Vous n'avez pas été au bal, dit Fenton à Amélie ; quoi, ma chere amie, vous n'y avez pas été ? Sur mon honneur, Monſieur, je ne ſuis point ſortie d'ici, répondit-elle ; l'étourdie que voilà brûloit du defir de fe mafquer ; & afin de laiffer ignorer à fon mari, qu'elle eft capable de s'amufer quand il s'afflige, je lui ai confeillé de prendre ma place. La conformité de nos tailles m'a fait imaginer cette petite tromperie qui fatisfaifoit fon goût & le mien. Je lui fais une efpece de reproche, comme vous voyez, & c'eft pour la punir de vous avoir chagriné. A préfent apprenez - moi, je vous prie, comment elle vous a donné tant d'humeur.

Oh, fi je voulois parler, reprit en riant Miftrifs Atkinfon, je le fâcherois bien davantage. Allez, allez, ne le plaignez point. Il ne s'eft pas ennuyé au bal, & je l'ai impatienté pour vous venger de ſes infidélités. Certaine Marmote l'entretenoit avec feu, &.... A cet endroit de ſon diſcours, Fenton la tira rudement par ſon domino. Elle s'arrêta, comprit qu'il exigeoit ſon ſilence, & le regardant d'un air fin : A propos, j'ai fait une plaiſante découverte ; on m'a rendu ſous le nom de Madame l'hommage le plus flatteur, le plus reſpectueux, & toute la nuit Milord Man.... Le pied d'Amélie s'appuyant alors ſur le ſien, lui coupa ſubitement la parole. Miſtriſs Atkinſon portant ſes yeux ſur l'un & ſur l'autre, les voyant tous deux immobiles : Bonſoir donc, dit-elle, je me ſens aſſoupie & crois rêver déjà. En parlant elle prit un flambeau & ſe retira, remettant au lendemain le récit des événemens du bal.

Ni Amélie ni Fenton n'avoient eu l'adreffe de fe cacher le mouvement par lequel ils s'étoient hâtés d'interrompre Miftrifs Atkinfon. Leur précipitation , leur crainte les occupoient trop pour les laiffer capables d'une grande attention fur eux-mêmes. Ils gardoient le filence, penfoient, ou plutôt méditoient profondément. Fenton formoit des foupçons vagues ; fon cœur fe fentoit bleffé de l'air de myftere répandu dans la conduite d'Amélie. Si elle ne connoiffoit point les fentimens de Milord Manfel, d'où vient empêchoit - elle Miftrifs Atkinfon d'en plaifanter ? Si elle fe croyoit aimée de ce Seigneur , comment fouffroit-elle fes affidüités , elle qui ne pouvoit fupporter à Montpellier

la vûe d'un homme mieux fait, plus
jeune, plus aimable, feulement parce que cet homme ètoit fenfible à
fes charmes ?

Pendant que ces idées l'agitoient,
Amélie rêvoit ; mais fes penfées ne
s'égaroient point comme celles de
Monfieur Fenton; un objet les fixoit
toutes. Elle foupiroit. Une trifte
certitude rendoit fon chagrin vif &
amer. Elle continua de fe taire,
Fenton n'ofa parler; & pour la premiere fois, la réferve & prefque la
froideur prirent la place de la tendreffe & de la confiance, entre deux
perfonnes accoutumées à goûter
fans ceffe la douceur de fe communiquer les mouvemens les plus fecrets de leurs cœurs. •

Auffi-tôt que Monfieur Fenton

fut levé le lendemain, il défendit dans la maison d'y laisser entrer Tanger, sa femme, ni même Milord Mansel. Il vouloit prendre des informations de Mistrifs Atkinson, & sçavoir par son récit s'il confirmeroit ou révoqueroit l'ordre qui concernoit ce Seigneur. Ensuite il envoya chez Sir James demander l'heure où il pourroit le voir. On lui rapporta que son ami étoit parti avec le Prince de Galles en sortant du bal, & resteroit deux jours à Windsor. Fenton se souvint alors que Mifs Matheus le lui avoit dit. Son embarras augmenta. De quels moyens se servir pour rompre son engagement du soir? Le naturel emporté de cette fille, ses menaces l'épouventoient. Elle se vengeroit

R iij

fur Amélie, difoit-elle ; étoit-il difficile à une créature hardie, entre-
prenante, capable fix femaines auparavant d'affaffiner un homme au
milieu de fes gens, fous les yeux
de fa femme, de s'introduire chez
Amélie, de l'effrayer, de l'infulter,
peut-être de lui plonger un couteau
dans le fein ? Ces idées glaçoient le
cœur de Monfieur Fenton ; elles le
déterminerent à tenir parole à Mifs
Matheus. Il fe flatta que Sir James,
inftruit par lui - même de cette démarche, l'excuferoit aifément quand
il en apprendroit le motif. Il fe promit même affez de fon afcendant fur
l'efprit de Mifs Matheus pour efpé-
rer qu'il l'engageroit à mieux traiter fon ami, & à rendre plus de juftice au mérite d'un homme vrai-

ment aimable. Ce parti pris, il recommença à réfléchir fur la conduite d'Amélie. Il s'étonna d'avoir pû la foupçonner d'intelligence avec Milord Manfel. Il fe rappella fa tendreffe, fes vertus, & penfa que fi elle étoit aimée, & le fçavoit, la crainte de lui caufer de l'inquiétude, pouvoit feule l'obliger à lui taire un pareil fecret. Incertain de l'effet qu'auroit produit fur elle l'indifcrétion de Miftrifs Atkinfon & le filence qu'il avoit gardé, il defiroit & craignoit fon réveil.

Pendant que Mifs Matheus, Milord Manfel & Amélie l'occupoient tour-à-tour, Sir James, retenu malgré lui à Windfor, s'abandonnoit dans les routes de cette belle forêt aux mouvemens furieux qu'excite une jalousie fondée sur la certitude d'être trahi. Ayant sçu par la femme - de - chambre de Miss Matheus qu'elle se masqueroit d'abord en Marmote ; à son entrée au bal , il suivit opiniâtrement une personne dont la taille & l'habit le tromperent. Le hasard fit qu'elle s'obstina à ne pas vouloir lui parler. James imaginant en être reconnu , alla changer de déguisement , revint, retrouva cette femme, la suivit encore, mais il la vit démasquée ; & l'instant qui lui montra son erreur, amena à ses côtés sa maîtresse & son ami. Comme ils parloient assez haut & sans déguiser leurs voix, il les connut d'abord , feignit d'être assoupi, les écouta avec attention, & entendit exactement tous leurs difcours. Prêt à éclater quand Miſs ſe retira, il ſe contint, & c'étoit lui-même dont le mouvement ſingulier avoit ramené Fenton pour lui parler. Le Prince de Galles ne devoit reſter qu'un inſtant au bal; ceux qui partoient avec lui étoient convenus de ſe raſſembler ſur ſes pas. James eut à peine le tems d'écrire ſur ſes tablettes & de parler à un valet de confiance. Il lui donna ordre d'obſerver le lendemain Monſieur Fenton, de le ſuivre par-tout, & s'il le voyoit entrer chez Miſs Matheus, de porter à ſa demeure les tablettes qu'il lui laiſſoit, & de recommander qu'on eût ſoin de les remettre entre ſes mains quand il rentreroit. Il lui ordonna auſſi de monter à cheval auſſi-tôt, & d'aller à Windſor lui rendre compte de l'événement.

A midi on apporta à Monsieur Fenton un billet, par lequel on le prioit de se trouver le lendemain à Hyde-Parc, à onze heures précises du matin. On lui promettoit la découverte d'un secret important, qui le mettroit en état de se montrer par-tout en sureté, rendroit ses ennemis dépendans de sa clémence & de ses bontés. On terminoit en le pressant de ne pas manquer à l'assignation.

L'écriture de ce billet étoit la même de celui que peu de tems auparavant il avoit reçu daté de Newgate. Cette promesse redoublée de lui apprendre un secret intéressant, lui fit plus d'impression que la premiere fois. Il résolut donc de ne pas négliger l'occasion de s'en instruire, & de se trouver à l'heure prescrite au lieu qui lui étoit indiqué.

Un moment après Sir George Maderty l'envoya prier à diner. Dans la disposition d'esprit où il se sentoit, il avoit besoin de s'éloigner d'Amélie, la moindre de ses questions l'auroit embarrassé ; il accepta l'invitation du Colonel, & sortit dans le dessein de ne pas rentrer de tout le jour.

Amélie, que les discours d'Atkinson rendoit fort inquiette sur les suites des projets de Milord Mansel, trembloit qu'ils ne parvinssent à la connoissance de Monsieur Fenton. Elle redoutoit une explication qui lui paroissoit pourtant inévitable. Elle se leva fort tard. Nany lui apprit en entrant dans sa chambre que Monsieur Fenton dinoit chez le Colonel Maderty. Peu de momens aprés on lui remit un assez gros paquet de la part de Milord Mansel. Elle l'ouvrit, y trouva renfermé une commission de Capitaine pour Atkinson, & un billet conçu en ces termes.

« Mon empressement à exécuter » vos premiers ordres, doit vous » assurer, Madame, de la sincérité » de mes discours. Vous m'avez » écouté en riant, vous avez refusé » de me croire. Daignez m'éprou- » ver. Mon respect, ma soumission, » mon obéissance vous découvriront » les véritables sentimens de mon » cœur. *Plus j'obligerai Atkinson,*

» *plus vous ferez difpofée à la recon-*
» *noiffance, à l'amitié pour fon protec-*
» *teur.* Ce font vos propres expref-
» fions. Ah, Madame, qu'Atkinfon
» fera bien fervi ! Je porterai fa for-
» tune fi haut qu'il ne lui reftera rien
» à defirer. Maïs quand fes vœux
» feront remplis, me fera-t-il permis
» de vous parler des miens, de con-
» cevoir une flatteufe efpérance ?
» Ne confentirez - vous point à me
» traiter avec moins de rigueur ?
» Vous me promettez de me regar-
» der *comme un ami ;* ah , Madame,
» peut-on vous voir, vous entendre,
» & ne defirer auprès de vous que
» ce foible titre » !

La lettre & la commiffion tombe-
rent des mains d'Amélie. Un aveu
fi libre, des efpérances fi hardies la

firent rougir & trembler. Revenue
de ſa premiere ſurpriſe, & ſçachant
Miſtriſs Atkinſon éveillée, elle paſſa
chez elle, & poſant ces papiers ſur
ſon lit, elle lui demanda l'explication de l'audace de Milord Manſel.
La petite folle, enchantée de voir
la commiſſion, ſans faire attention
au trouble ni à la colere d'Amélie,
commença par rire de tout ſon cœur
de la ſimplicité de ce pauvre Lord,
qui avoit ſi bonnement donné dans
le piége qu'elle lui tendoit. En me
prenant pour vous, Madame, dit-
elle, il m'a fait une déclaration d'a-
mour qu'il croyoit bien fine, bien
enveloppée, & qu'il pourroit rétrac-
ter ſi elle déplaiſoit; mais je l'ai entendu d'abord, je me ſuis divertie à
l'encourager par mes propos, puis à

le désoler par mes doutes ; il s'animoit, je riois ; il m'offroit des preuves de sa passion : Parlez, Madame, disoit-il, exigez, ordonnez. Alors je lui ai reproché sa négligence au sujet d'un homme que je protégeois, j'ai demandé cette commission à mon réveil. Là, voyez, continua-t-elle, si ce bon Lord n'est pas la plus simple créature du monde ; je suis sure qu'à présent il se félicite de son bonheur, il croit vous avoir obligée, il compte sur votre reconnoissance. Il sera bien attrapé quand je lui dirai.... Qu'avez-vous fait ? quelle imprudence, s'écria Amélie ! Vous m'ôtez tous les moyens d'éviter un éclat, dont les suites seront peut-être funestes & pour vous & pour moi.

Atkinson ne voudra rien devoir à ce vil Lord; vous nous mettez l'un & l'autre dans un cruel embarras.

Miſtriſs Atkinson, ſurpriſe & touchée de ce reproche, regarda Amélie & lui voyant les yeux remplis de larmes; eh bon Dieu! Madame, lui dit-elle, d'où naît votre chagrin? Je ne puis ſupporter l'idée de vous en cauſer. Daignez me pardonner ma faute & m'ouvrir un moyen de la réparer: je l'employerai avec joie. Mais comment eſt-il poſſible qu'un badinage ſi ordinaire vous donne de ſi vives allarmes? Quel eſt cet embarras où je mets Atkinson, où vous êtes vous-même? Pourquoi cette commiſſion lui ſeroit-elle déſagreable? Ne l'attendoit-il pas de la main de Milord Manſel?

Amélie

Amélie jugea inutile de lui taire plus long-tems un secret que sa conduite à l'égard de Milord & de ses vils agens dévoileroit bientôt ; ainsi elle l'instruisit de tout ce qu'elle avoit appris d'Atkinson.

Jamais récit ne fut écouté moins patiemment ; les noms d'infâme, d'abominable, d'infernal malheureux, prodigués à Milord, & une foule de malédictions l'interrompirent plus d'une fois. Il n'étoit pas achevé, que la pétulente Atkinson sonna, appella, s'élança hors de son lit, demanda du linge, une robe, des porteurs, & commença sa toilette avec une précipitation surprenante. Que prétendez-vous donc faire, lui dit Amélie ? Ce que je prétends, Madame, s'écria-t-elle !

je vais à l'inftant jurer la paix contre cet odieux Lord. Il a infulté
mon mari ; il m'a crue capable de
fervir fon déteftable projet, de me
prêter baffement à fes deffeins : je
ne fouffrirai pas cet outrage, il me
fera une réparation authentique ;
il me la fera, vous dis-je, ou je
lui arracherai les yeux.

Amélie trouva de la difficulté à
calmer un efprit vif, juftement ré-
volté. Cependant elle y parvint,
engagea fon amie à fe contenter
d'écrire une courte lettre à Milord,
afin de l'inftruire de l'aventure du
bal & de fa méprife. A l'égard de
la commiffion qui étoit pour le régiment de ce Seigneur, elle lui con-
feilla de la renvoyer fous un prétexte leger, mais honnête, en re-

fufant de tenir ce bienfait de l'erreur où elle l'avoit jetté. Miftrifs
Atkinfon promit tout ; mais dès
qu'Amélie l'eut quittée , la petite
obftinée fe livra à fes propres mouvemens , & contenta fa fantaifie.
Elle écrivit à Milord Manfel avec
beaucoup de fierté , & termina une
lettre remplie d'aigreur par une défenfe pofitive de reparoître jamais
chez elle. Vous êtes connu, haï ,
méprifé d'Amélie & de moi , lui
difoit-elle ; reprenez votre commiffion. Un homme tel que vous
n'eft pas digne d'obliger des gens
de cœur. Jamais Atkinfon ne fer-
vira fous vos ordres ; ne vous in-
quietez ni de fon fort ni de celui
de Monfieur Fenton, mais craignez
le reffentiment de tous les deux.

S ij

Cette lettre si folle , si imprudente , produisit un effet qu'on n'eût osé se promettre de la démarche la plus sensée. Tanger eut des affaires à sa garnison , & prit la poste pour s'y rendre. Milord se souvint tout-à-coup que les derniers jours de la belle saison lui offroient encore des amusemens à Bath , il y courut , & Mistriss Tanger jugea à propos de changer de demeure : mais on n'apprit ces prompts départs que dans un tems où la conduite & les desseins de Milord n'intéressoient plus ceux qu'ils avoient allarmés.

Le jour s'écoula tout entier sans que Fenton parût. Amélie s'en inquiéta. Elle avoit craint une explication , & pourtant elle sentoit vivement l'indifférence qui faisoit négliger à son mari de lui parler , de la presser dans cette occasion, la premiere où elle lui eût montré une sorte de froideur. A dix heures du soir, Nany lui présenta des tablettes qu'un des gens de Sir James venoit d'apporter. Elle les prit avec un battement de cœur extraordinaire , elle pensa que peut-être il étoit arrivé un malheur à son mari. Se hâtant d'ouvrir & de parcourir ces tablettes, elle y trouva ces mots écrits en gros caractères.

A Monsieur Fenton sortant de chez Miss Matheus.

« Vous m'aviez promis de ne plus » revoir une maîtresse que vous me » cédiez de votre bon gré , vous ve- » nez de souper chez elle. Vous trahis- » sez la confiance d'un ami, vous man-

» quez à une parole d'honneur ; je
» vous regarde comme un perfide.
» Soyez jeudi à fept heures du matin
» vers les carrieres de Kenfington.
» Là, nous déciderons à qui de nous
» deux, l'indigne, la maudite Ma-
» theus doit refter.

Amélie pouffa un cri, les tablettes
échapperent de fes mains, fon cœur
fe ferra, elle perdit la connoiffance
& le fentiment. Nany s'empreffa de
la fecourir. Revenue de fa foiblef-
fe, elle voulut relire encore ces
terribles expreffions. C'étoit le lendemain que Sir James attendroit
Fenton. Seule, fans confeil dans
une occafion fi cruelle, fi inquié-
tante & fi délicate, elle ignoroit
comment elle devoit fe conduire.
Livrée à la crainte, à la douleur,

elle pleura long-tems avec amertume sans pouvoir calmer un inftant l'agitation violente de ses sens.
Une heure sonnoit quand on frappa
rudement. Amélie tressaillit, cacha
promptement les tablettes de Sir
James, croyant que Monsieur Fenton rentroit. Mais Nany revint bien-
tôt & lui présenta une lettre. Amélie
reconnut la main de son mari. Un
nouveau trouble la saisit. Elle lut
en frémissant ces mots écrits en
vedéte ; *O ma chere amie, ne vous
allarmez point.* Monsieur Fenton lui
apprenoit qu'en sortant d'une maison où on l'avoit contraint de souper, il venoit d'être arrêté par ordre de Miss Betzy, & conduit chez
un Bailli dont il lui envoyoit le nom
& l'adresse. Il la conjuroit de ne

point s'affliger & de soutenir avec fermeté cette nouvelle disgrace.

En tout autre tems cette lettre eût été pour Amélie le sujet d'un mortel chagrin. Mais les circonstances lui firent trouver de la consolation dans cet événement. La vie de ce mari si cher étoit assûrée par la perte de sa liberté. La funeste rencontre du lendemain devenoit impossible ; & sans que l'honneur de Monsieur Fenton souffrît de ce retard, elle auroit le loisir de se consulter sur ce terrible appel , de voir Lady Elesmore , & peut-être de détourner le malheur qu'elle redoutoit.

Au milieu des accès d'une extrême douleur , on saisit avidement le premier adoucissement que présente

la

la réflexion. Mais ce calme produit par la raison, par l'espérance,
est de peu de durée. La nature &
le sentiment nous rendent bien-tôt
aux pleurs, aux gémissemens.
Quand l'ame souffre, l'esprit s'abat,
& le cœur s'abandonne à ses seuls
mouvemens. Amélie l'éprouva. Toute la nuit elle s'affligea sans modération, attendit impatiemment le
jour; & dès qu'il parut elle fit appeller des porteurs & se rendit chez
le Bailli où étoit Monsieur Fenton.

On la conduisit par un très-petit
escalier au premier appartement.
Une chambre mal meublée, mais
assez claire, lui fut ouverte & on
lui montra la personne qu'elle demandoit. Monsieur Fenton, assis,
les coudes appuyés sur une table,

fon vifage caché de fes deux mains, fembloit endormi, ou plongé dans une profonde méditation. Au bruit que l'on faifoit en entrant, il leva la tête & tourna les yeux vers la porte ; fon air abattu pénétra le tendre cœur d'Amélie. Elle courut à lui, paffa fes bras autour de fon col, mouilla fes joues de larmes brûlantes, & le ferrant fans pouvoir lui parler, elle prononça feulement : ô Monfieur Fenton ! Son empreffement à le voir, fes pleurs, ce filence touchant & expreffif, exciterent dans l'ame du trifte prifonnier, un de ces mouvemens vifs & paffionnés, qui fe font fentir impétueufement quand le cœur eft affecté d'une douleur mêlée de remords. Eh pour qui, pour qui donc, s'écria-t-il , cette femme , image des créatures céleftes , paroît-elle dans le féjour du défefpoir ! L'homme qu'elle y cherche eft-il digne d'attirer fes regards ? & tombant aux genoux d'Amélie , couvrant fes mains de pleurs & de baifers enflammés ; ne me refufe pas une derniere grace , lui dit-il , ô mon Amélie ! Que je l'obtienne de toi ! abandonne un malheureux, ne t'obftine point à fuivre fon fort ; va, fuis, retourne habiter la retraite d'où mon imprudence me bannit. Vis tranquille, prends foin de ton fils , oublie l'époux que le ciel te donna dans fa colere. Il ne mérite plus tes bontés , ton amour , ton eftime ; c'eft un monftre , il t'a trahie. Il ne

T ij

peut en être affez puni que par la perte de ton cœur.

Amélie vouloit le relever, l'interrompre, mais il ne l'écoutoit point. Il étoit emporté loin de lui-même. Il lui avoua cette intrigue, qu'il avoit tant craint de lui laiffer connoître, lui apprit toute fon aventure de Newgate, les perfécutions de Mifs Matheus, l'amour de James, caufe fecrette de fa froideur ; la rencontre du bal, les menaces de cette fille hardie, & confeffa en rougiffant qu'il fortoit de chez elle, quand les gens du Bailli le furprirent : mais qu'il en fortoit fans avoir offenfé ni l'amour ni l'amitié. Enfuite il recommença à pleurer, à conjurer Amélie de lui pardonner, de le quitter pour toujours, & de ne plus s'occuper de l'infortuné, qui gémiſſoit à ſes pieds.

Si cette faute eſt la ſeule que vous vous reprochez, dit Amélie, en l'embraſſant, elle eſt pardonnée depuis long-tems. Et lui préſentant une lettre, qu'il reconnut pour être de Miſs Matheus, je l'ai reçue huit jours après votre ſortie de Newgate. J'ai été malade, continua-t-elle, j'ai caché le ſujet de ma langueur. Cette infidelité, qu'on a eu la dureté de m'apprendre, m'a vivement touchée, mais elle n'a point diminué ma conſtante affection. O Monſieur Fenton, le cœur d'une femme ſenſible eſt auſſi indulgent que tendre ! Oſez-vous me propoſer de vous fuir, de ne plus m'occuper de vous ; ah ne me tenez jamais ce cruel langage , il me feroit penfer que mon attachement vous eſt devenu importun ! Eh pourrois-tu le croire, s'écria-t-il? Tu ne veux point m'abandonner ? Oh , non , non , ne m'abandonne jamais, femme divine , ange conſolateur , dont la préſence adoucit toutes mes peines. Quoi, ma chere Amélie , ton cœur généreux chérit encore un ingrat, un infidele , ... Mais l'ai-je été ? Non. Si mes ſens ſe ſont égarés , jamais mon ame n'a ſuivi leur impreſſion.

Aucune plainte , aucun reproche n'accompagna le pardon qu'Amélie accorda aux vives inſtances de Monſieur Fenton : elle lui en renouvella cent fois les tendres aſsûrances. Après l'avoir scellé par les plus douces caresses, ils cherche-rent ensemble les moyens d'arran-ger l'embarrassante affaire de Miss Betzy. Monsieur Fenton n'atten-doit plus rien de Sir Rowland, son silence prouvoit assez qu'il n'étoit pas disposé à le servir ; mais il espé-roit beaucoup de l'amitié de James. Le Baronnet lui avoit souvent offert de l'obliger. Dans une occasion si pressante il se détermina à recourir à lui ; mais il n'osoit parler à James, ni lui écrire. Il est bien difficile de demander, quand on a le cœur assez noble pour supporter plus pa-tiemment le besoin, que le poids des obligations. Il pria Amélie de le voir, de l'instruire de leur situa-tion, & d'accepter son secours, s'il

T iiij

lui marquoit le defir de l'acquitter , ou de le cautionner.

Amélie pâlit à cette propofition ; le nom de James lui rendit la terreur que les careffes de fon mari venoient de fufpendre. Dans la crainte de lui laiffer voir fon trouble , elle fe leva ; & fous prétexte de vouloir lui procurer les commodités dont il manquoit , elle le quitta , après lui avoir promis de revenir bien-tôt avec Miftrifs Atkinfon, de lui faire apporter à diner , & de refter tout le jour auprès de lui.

En paffant devant une petite églife qui fe trouvoit fur fon chemin, elle apperçut Sir James à pied, en habit de campagne , marchant à grands pas , fes cheveux en défordre , l'air égaré , même furieux. Sa

vûe caufa une révolution terrible
à Amélie. Par un mouvement prefque involontaire , elle arrêta fes
porteurs , fortit de fa chaife & entra dans l'églife comme une perfonne effrayée qui fuit & cherche
un afile. L'afpect de ce lieu faint
calma fes efprits agités. Sa crainte
s'évanouit en préfence du Dieu fort.
Remplie de confiance elle éleva
vers lui fon cœur affligé. Elle im-
plora fa miféricorde. Profternée ,
baignée de larmes , elle lui cria ,
ô mon Dieu ! daignez verfer dans
mon fein la confolation que je n'attends point de vos créatures. Vous
voyez mes befoins , étendez votre
bras puiffant & fecourez moi. Après
cette courte , mais fervente priere ,
elle fe fentit un peu ranimée & en

état de soutenir le mouvement de sa chaise ; elle y rentra & se fit conduire chez elle. Comme elle montoit l'escalier, le son d'une voix connue émut tous ses sens, elle se hâta d'ouvrir la porte. A la vûe de la personne qui s'entretenoit avec Nany, elle poussa un cri perçant ; & se précipitant dans les bras du Docteur Harrison, ô mon ami ! mon pere ! est-ce vous ? est-ce bien vous ? répetoit-elle, que le ciel envoie au secours d'une infortunée.

Le Docteur irrité contre Fenton & contre elle depuis leur séjour à Londres, dont il ignoroit la cause, fut plus surpris que touché des expressions d'Amélie. Il ne fit attention ni à sa pâleur, ni à sa profonde tristesse. D'une infortunée ! ré-

péta-t-il , voilà le langage ordinaire
des imprudens. On penfe mal , on
agit en conféquence & l'événement
eft attribué au deftin contraire. La
vanité créa un mauvais fort , pour
préfenter à des cœurs orgueilleux
un objet qu'ils puffent accabler des
reproches que nous voulons toujours
nous épargner à nous-mêmes. Deviez-vous quitter des lieux où vous
viviez tranquille ? où vous étiez
maîtreffe d'attendre en paix un tems
plus heureux ? Mon malheur , &
non pas ma volonté , un devoir in-
difpenfable m'ont fait abandonner
ces lieux chéris , s'écria Amélie.
Hélas, que ne fuis-je encore à votre
Prieuré , dans cette maifon de be-
nediction où tous les jours fe le-
voient fereins pour moi. O mon

ami, continua-t-elle, en redoublant ſes pleurs, ne me montrez point ce viſage ſévere, il me glace, il m'épouvante. Soutenez-moi, con-ſolez-moi dans mon affliction, l'é-tat où vous me retrouvez eſt digne d'exciter votre pitié. La liberté, la vie de Monſieur Fenton ſont en danger. Mon cœur bleſſé eſt prêt à ſuccomber ſous le poids de ſes peines, il ne peut ſupporter votre froideur. Sans ſecours, ſans amis, ſans eſpoir qu'en vous ſeul, je n'en-viſage plus que la honte & la mort ſi vous m'abandonnez. Attendri malgré lui par les paroles & les lar-mes d'Amélie, le Docteur prit une de ſes mains, la preſſa affectueuſe-ment : *la honte & la mort !* s'écria-t-il, ne dites pas cela, ma fille. Ne vous livrez point à ces funeftes idées. Inftruifez - moi. Si je puis vous fervir, comptez fur ma conftante amitié. Je fuis mécontent de vous, il eft vrai ; vous avez mal fait de venir à Londres : mais comment votre fituation a-t-elle changé en fi peu de tems ? Par fes dernieres lettres Atkinfon m'affûroit que vous viviez tous paifibles & fatisfaits.

Amélie lui fit alors un récit fincére de ce qui s'étoit paffé depuis l'arrivée de Mifs Betzy dans la Province. Mais à peine eut-elle expliqué la caufe de la détention de Monfieur Fenton, que le Docteur fe leva brufquement, tranfporté de colere, & courant tout au tour de la chambre comme un homme hors de lui-même : Six cens guinées, à

Miſs Betzy Harris , crioit-il ! à ce monſtre , à cette indigne uſurpatrice de vos droits ! lui payer ſix cent guinées, moi ! j'aimerois mieux en jetter mille , dix mille dans la Tamiſe. Elles ne lui ſont pas dûes , elle ne les aura pas , je vous défens de les lui donner.

Hélas , dit Amélie , je ſuis loin de pouvoir le faire. Mais ſi le peu qui me reſte ſuffiſoit pour l'engager à ſuſpendre ſa pourſuite.... Quoi, vous le lui abandonneriez , interrompit le Docteur ? Ah , dans toute la joie de mon ame , repartit-elle. Etrange obſtination , s'écria le Docteur ! vous tenez bien de votre mere. Malgré ma priere , mes conſeils , mon expreſſe défenſe vous avez cherché cette furie , vous avez voulu la voir ; à préfent arrangez-vous donc. Je ne puis rien dans cette occafion. Je né donnerai point cet argent à votre fœur. Mériterois-je l'adminiftration des biens dépofés par la providence entre mes mains, fi j'en dérobois une partie au pauvre honnête , à l'indigent induftrieux , pour en augmenter les poffeffions de l'avare & de l'injufte ?

Mais, dit Amélie d'un ton timide , la liberté de Monfieur Fenton dépend du payement de ce billet. Je n'y fçaurois que faire , reprit-il ; c'eft fa faute. Il devoit le déchirer, & non pas le perdre. Quelle étourderie à lui de le laiffer tomber, de paffer une heure fans le chercher ! Quelle baffeffe à cette vile Betzy de s'en emparer, de le conferver , d'ofer en exiger la valeur ! fi, cette affaire eft ridicule d'une part, odieufe de l'autre, pour rien du monde je ne voudrois m'en mêler.

Un long tems s'écoula avant qu'Amélie pût amener le Docteur à l'écouter, à comprendre que fes larmes lui demandoient la liberté de Monfieur Fenton. Malheureufement pour elle l'imagination de fon ami, fujette à fe préoccuper, avoit faifi le mauvais côté de cette affaire. La négligence de Fenton, l'avidité de Betzy, une vifite rendue à contre-tems, fans néceffité, contre fon avis, un defir obftiné de payer ce qu'on ne devoit point, voilà ce qui fe préfentoit à fon efprit, endurciffoit fon cœur, naturellement tendre & bon, & l'enga

geoit

geoit à gronder fans vouloir entendre les raifons d'Amélie. Enfin il
l'écouta, il l'entendit, fon ame s'é-
mut en fa faveur. Il s'adoucit, fe
calma entierement ; mais l'envie
d'obliger fa parente chérie, ne di-
minua point l'extrême répugnance
qu'il fentoit à donner fix cent guinées à Betzy. Ainfi il fe détermina
à cautionner Monfieur Fenton, fe
réfervant le plaifir de plaider contre cette créance, & de la difputer
auffi long-tems, qu'un habile Avocat pourroit trouver des moyens
d'en éloigner le payement. A l'inftant même il écrivit au fien de fe
rendre chez le Bailli où étoit M.
Fenton. Le nom de cet Avocat
frappa Amélie. Affûrément, dit-elle,
cet homme eft lié avec ma fœur ; il

la vint trouver à fa terre un peu avant mon départ de la Province ; je crois même qu'il régit fes biens. Cela fe peut, répondit le Docteur. Je connus ce Murphy à l'inventaire de Lady Courteney. Il remplaçoit le pauvre Burton, qui travailloit pour Miſtriſs Harris & pour moi. Tous mes papiers fe trouvoient dans fes mains, il me pria de les lui laiſſer. Votre mere lui abandonna les fiens. A fa mort, je le vis touché de l'injuſtice de fon teſtament. Il plaignit votre fort. Je partois. Je lui confiai mes affaires ; pendant mon abfence il les a gérées à fon gré. Je verrai par fes comptes fi je continuerai à l'employer. Allons, ma fille, ajouta-t-il, en fe levant pour fortir, féchez vos pleurs, ceſfez de gémir. Je vais chercher votre mari, avant qu'il se passe une heure vous goûterez le plaisir de le revoir.

O mon généreux ami, dit-elle, en l'arrêtant, ce n'est pas seulement de vos bontés dont j'ai besoin. J'attens de vous un avis utile, sur un point embarraffant & délicat. Il intéreffe l'honneur & la vie de Monfieur Fenton. Alors elle lui montra les tablettes de Sir James & le pria de lui prefcrire la conduite qu'elle devoit tenir. Craignant également les fuites du fecret ou de la découverte de ce défi, elle n'ofoit ni parler ni fe taire.

Le Docteur lut l'appel de Sir James, leva les épaules, lut encore, fit le même mouvement, & répéta

plufieurs fois , beau fujet de querelle ! Enfuite regardant Amélie ,
comment donc s'écria-t-il , votre
mari a des maîtreffes , céde des
maîtreffes , que fignifie cela ? C'eft
une erreur , une méprife du Baronnet , dit Amélie , fâchée d'avoir
montré les tablettes. Je fçai tout ,
le fond de la difpute ne mérite pas
votre attention. Eh bien , reprit
en fouriant le Docteur , j'aime à
vous voir de la douceur , de la patience. Votre difcrétion eft rare &
je l'eftime. Ma fille , un mari eft un
homme , & un homme eft un fou.
La fupériorité de votre fexe confifte
à connoître cette vérité. De fon intime perfuafion naiffent l'indulgence , la bonté , & la confervation de
la paix entre les époux. Amélie

ſoupira. A l'égard de ce défi continua le Doĉteur, mon avis eſt que
vous ne parliez jamais à votre mari
de l'impertinence de ſon ami. Mais,
reprit-elle, ſongez au préjugé do-
minant, aux uſages militaires, à
l'honneur…. Quoi, quel honneur!
interrompit le Doĉteur. Ne dites
pas un mot de plus ſur ce point, ſi
vous ne voulez m'ôter la bonne opinion que j'ai toujours eue de votre
eſprit & de la juſteſſe de vos idées.
Je ne puis ſupporter d'entendre prophaner le nom de l'honneur par des
inſenſés, qui n'en ont pas la plus
ſimple notion. Ces hommes ſi promts
à laver dans le ſang la plus légere
injure, paſſeront-ils pour avoir de
l'honneur, ſeulement parce qu'ils riſ-
quent leur vie en ſatisfaiſant la paſ-

sion brutale qui les porte à se venger ? Mais on croit qu'ils doivent le faire, reprit Amélie. Oui, des extravagans le pensent, continua le Docteur. Ils l'ont entendu dire, ils le croient sans examen, sans réflexion. Quel est pourtant le mérite d'un homme sorti heureusement de plusieurs duels ? Celui qu'un vil gladiateur peut lui disputer. Mais ce brave, assez délicat sur les maximes de cet honneur prétendu, assez soumis à ses loix pour tuer son compatriote, même son ami, étend-il cette délicatesse à tous les devoirs de son état ? Est-il juste, lui, qui s'arroge le droit de punir ? souvent enhardi par sa force, par son adresse, par la terreur qu'il croit inspirer, il se livre avec audace à tous les vices. Il féduit la fœur & tue le frere, deshonore la femme, égorge le mari ; il devient la honte de fa famille & l'horreur de fa Patrie. Craint, mais haï ; vanté par les fous & méprifé du fage, il fe voit banni de la fociété, on l'évite, on le fuit. Il paffe feul des jours triftes & malheureux, empoifonnés par l'ennui & les remords.

Mais, dit Amélie, quand je m'oppofois au départ de Monfieur Fenton, quand je le priois de ne point aller à Gibraltar, vous teniez un langage bien différent, vous me blamiez de vouloir le retenir. L'occafion n'étoit pas la même, reprit le Docteur. Il s'agiffoit de remplir fes devoirs, de fervir fon Roi, d'aider fa nation, de lui montrer du zèle & de l'affection. Ma fille , le courage , la valeur font des vertus quand on les emploie à défendre fa Patrie , à foutenir le foible & l'innocent contre l'oppreſſion du fort & de l'injuſte. Mais calmez-vous. J'arrangerai cette affaire. Sir James m'eſt peu connu. Je l'ai vu à Paris chez vous ; il me parut léger , mais franc , aimable : je vais lui parler & j'eſpere que ma viſite changera ſes diſpoſitions. Amélie remercia ſon ami avec toute la vivacité qu'inſpire la reconnoiſſance dans une ame généreuſe. Le Docteur la pria de l'attendre chez elle , & en la quittant il ſe fit mener à la demeure de Sir James.

Le Colonel avoit trop entendu parler de lui pour ne pas l'eſtimer.

Au

Au nom de Monfieur Harrifon, James s'avança vers lui ; & malgré la mauvaife humeur où il étoit, il le reçut avec la politeffe & les égards dûs à fa naiffance, à fon caractère & à fa réputation. Je vous rapporte, Monfieur, des tablettes qui vous appartiennent, dit le Docteur. Je fuis vraiment fâché de ne pouvoir approuver ce que j'y ai lu. Votre confufion m'apprend combien vous êtes furpris de les recevoir de ma main. En effet, répondit James en rougiffant, je croyois.. qu'elles feroient perdues, interrompit le Docteur, par la mort ou la fuite du plus tendre de vos amis : n'eft-il pas vrai Monfieur ? mais cet ami malheureux n'a point été inftruit de vos intentions : arrêté hier

& conduit chez un Bailli.... Arrêté, dit vivement Sir James ! quoi le pauvre Fenton eſt arrêté ? Si c'eſt pour dette, j'ai mille guinées à ſon ſervice. Que je vous embraſſe, mon cher Colonel, s'écria le Docteur ! Vous avez une mauvaiſe tête, mais j'admire votre cœur. Par ce premier mouvement, preuve aſſûrée d'un excellent naturel, jugez des regrets où vous ſeriez actuellement livré, ſi l'événement eût répondu à votre attente. Si cet ami dont la priſon vous touche, étendu ſur la pouſſiere.... Ah ne m'offrez pas cette cruelle image, dit tout attendri Sir James, non, Monſieur, ne me l'offrez pas ! Je me reproche ma fureur, mon extravagance. A l'inſtant même où vous êtes entré, je condamnois ma vivacité. La cause en est ridicule & méprisable, mais allons chez le Bailli. Mon crédit, mes soins, ma fortune tout sera employé pour mon ami. Pendant que le Docteur charmé de James, le louoit, le grondoit, le caressoit, on achevoit de l'habiller ; dès qu'il fut prêt, tous deux se rendirent à la triste demeure de Monsieur Fenton. L'entrée de la maison n'étoit pas libre dans ce moment, plusieurs personnes l'embarrassoient. James passa par-dessus le Bailli & dix de ses hommes, se fit montrer la chambre de son ami, on la lui ouvrit ; mais le Docteur attentif à un spectacle, qui intéressa son cœur compatissant, ne se hâta pas de le suivre.

On forçoit un pauvre homme ar-

X ij

rêté depuis un moment à monter l'escalier. Sa résistance donnoit une occasion assez naturelle à des brutaux de lui faire sentir sa dépendance & leur supériorité; il les maudissoit, & ils le frappoient impitoyablement. Le Docteur donna une demi-guinée à ces misérables, afin de les engager à traiter moins durement cet infortuné, dont le visage & les habits étoient souillés de sang. Il exhorta le prisonnier à céder, à se rendre à la nécessité, à ne pas se révolter contre ces hommes féroces. Le pauvre blessé cessa de se débattre; la vûe de l'or appaisa ces Tigres. Sans le maltraiter davantage, ils le conduisirent à une chambre haute; l'escalier se débarrassa, & le Docteur parvint au lieu où il avoit affaire.

A la vûe d'un ami si respectable
& si cher à son cœur , Monsieur
Fenton répandit des larmes de tendresse & de joie. Le silence que la
raison imposoit au Docteur sur le
défi de James , contraignoit l'éclat
de son ressentiment contre Fenton.
Il lui pardonnoit d'avoir aigri l'esprit
de sa belle-sœur par ses railleries ;
la perte du billet étoit un accident ;
mais son infidelité , les chagrins
d'Amélie , rendoient son mari criminel aux yeux d'un homme qui
l'aimoit en pere , jugeoit sans prévention de son mérite & la connoissoit digne de fixer les desirs d'un
époux. Il reçut donc avec un peu
de froideur les premieres caresses
de Fenton. James lui prit la main ;
& sans lui laisser le tems de parler ,

obtiendrai-je une grace de vous , Monſieur , lui dit-il ? oui ſans dou- te , vous me permettrez pour cette fois d'empiéter ſur vos droits , & d'obliger un .ami déjà comblé de vos bienfaits. J'exige abſolument de Fenton qu'il accepte mille guinées , & vais chez moi prendre les ſix cent dont il a beſoin pour recouvrer ſa liberté. Il ſortoit , mais le Doc- teur l'arrêta , proteſtant qu'il ne ſouffriroit pas cette folie. James , étonné de ce caprice , lui demanda s'il vouloit voir mener Fenton à Newgate. Le Docteur ſoutint que de ſon conſentement Betzy ne ſeroit jamais payée , qu'il prétendoit diſ- puter cette ſomme & qu'au moins elle attendroit : le Colonel inſiſta , le Miniſtre ne ſe rendit point ; Fen-

ton n'ofoit parler. James s'impatientoit, le Docteur crioit, la difpute s'animoît, quand le Bailli entrant l'interrompit. Il les falua tous
trois profondément, & s'adreffant
au Docteur, il lui demanda s'il ne
s'appelloit pas Monfieur Harrifon.
Apprenant de lui-même qu'il fe
nommoit ainfi, il le pria de la part
du prifonnier dont il avoit fait la
rencontre fur l'efcalier, de vouloir
bien monter à fa chambre, cet homme ayant, difoit-il, des fecrets im-
portans à lui révéler ; une grace à
obtenir par fa médiation, & met-
tant toute fa confiance & tout fon
efpoir dans fa charité.

Le vertueux eccléfiaftique ou-
blioit tout, lorfqu'il s'offroit une occafion de remplir les devoirs de fon

miniftère , de donner du fecours au pauvre , & de la confolation à l'affligé. Il fuivit le Bailli qui le conduifit au haut de fa maifon, lui ouvrit la porte d'une efpece de grenier , & fe contenta de la tirer en s'en allant , afin de lui laiffer la liberté de fortir quand il le voudroit ; ne craignant pas que dans l'état où fes gens avoient réduit le prifonnier, il pût lui échapper.

James faifit l'inftant de l'abfence du Docteur, pour aller chercher les fix cens livres fterling néceffaires à la délivrance de fon ami. Le Bailli ayant appris par les gens du Colonel qu'il étoit Baronet , & membre du Parlement , le conduifit à fon carroffe avec un grand refpect, & fçachant que Monfieur Fenton alloit

payer, il revint à fa chambre, ouvrit fa porte, & lui fit mille politeffes dans l'efpoir d'une petite gratifi-
cation qu'il en attendoit. Monfieur
Fenton lui demanda s'il connoiffoit
l'homme qui s'entretenoit actuellement avec le Docteur Harrifon. Oh
beaucoup, Monfieur, répondit-il,
je l'ai eu plus d'une fois en garde,
il s'appelle Robinfon. C'eft un mal-
adroit, une bête, il devroit être
fort riche, car il a, dit-on, raifon-
nablement volé. Mais il eft tant de
ces frippons incapables de rien amaf-
fer; ce n'eft pas affez de prendre,
il faut fçavoir conferver. Quelle eft
fa profeffion, demanda encore M.
Fenton? Il a fait plus d'un métier,
je crois, reprit le Bailli. Je l'ai vu
Avocat, mais il eft devenu fi pau-

vre , depuis quatre ou cinq ans , qu'il travailloit pour ſes confreres. Je ne ſçai pourquoi diable il a tant reſiſté aujourd'hui. On a eu peine à le ſaiſir , & plus encore à s'en aſ-ſûrer ; car on l'a pris tout près du parc. Il vouloit s'y ſauver , & pré-tendoit y être attendu , avoir à par-ler à quelqu'un ; vous jugez ſi mes gens ont eu la complaiſance de le laiſſer aller à ſon rendez-vous ; on l'a battu , un peu fort à la vérité , mais c'eſt ſa faute , & s'il en meurt la loi eſt contre lui. J'ai une idée confuſe de cet homme , reprit Monſieur Fenton ; je crois même l'avoir vû depuis mon arrivée de la Province. Monſieur ſe trompe aſſû-rément , dit le Bailli. Robinſon a paſſé trois mois à Newgate , & n'en eſt ſorti que d'hier au ſoir ; comme il ne paroît pas en état de me compter quarante livres ſterling , j'eſpére l'y reconduire demain.

A cet endroit de la converſation , on vint dire au Bailli que l'Avocat de Monſieur Harriſon étoit en bas. Le Bailli lui cria du haut de l'eſcalier , venez , venez Monſieur Murphy ; vous tiendrez compagnie à ce gentilhomme en attendant celui qui vous a mandé. Il ne tardera pas à deſcendre. Murphy monta , ſalua Monſieur Fenton , & ſçachant le Docteur arrivé avant lui , il s'informa de ce qui l'occupoit. Il prie auprès d'une de vos anciennes connoiſſances , reprit le Bailli ; Robinſon ſe croyant près de ſa fin a deſiré de lui parler. Robinſon , répéta

Murphy en pâliſſant ! quoi, que voulez-vous dire ? Où eſt-il Robinſon ? Là haut, dans le grenier, ajouta le Bailli. Monſieur Harriſon vient de s'y rendre à ſa priere. Tout eſt perdu, s'écria Murphy ! Le Docteur avec Robinſon ! Ah ciel ! Robinſon, dites-vous, a deſiré de l'entretenir ? Un foible maraut, un vaporeux coquin, ſans ceſſe agité de remords, qui s'eſt ruiné par des reſtitutions ; il va lui faire les plus ſots contes.... Rangez-vous, continua-t-il, laiſſez-moi paſſer, je ne ſuis pas fait pour attendre, une affaire me preſſe & mon tems m'eſt cher ; ſi je puis je reviendrai. Le bruit d'une porte qu'on ouvroit augmentant ſon épouvante, il s'élança ſur l'eſcalier. N'eſt-ce pas

Murphy que j'entends, demanda le Docteur. Il fuit, dit Monsieur Fenton. Arrêtez-le, arrêtez-le, répéta-t-il en se précipitant pour descendre; & tout en sautant les marches deux à deux, réjouissez-vous, mon ami, crioit-il à Fenton, remerciez le ciel! Betzy est une frippone, Murphy sera pendu. Si Robinson vit trois heures, votre fortune est faite; parlant, courant, criant au voleur, arrêtez-le, il atteignit eufin Murphy au milieu de la rue, le saisit & le serra si bien que, malgré ses efforts, l'Avocat ne put lui échapper.

Un prêtre tenant un homme à la gorge, l'accablant d'injures & voulant l'entraîner de force, offroit à la populace un spectacle nouveau

& amufant. Elle s'affembla. Murphy voulut l'intéreffer en fa faveur.
Meffieurs , dit-il , cet homme n'a
pas droit de m'arrêter , j'appelle de
fa violence au bon , au jufte peuple de Londres , il fçait la loi. Si ce
furieux eft un Bailli déguifé , qu'il
montre fon ordre , je le fuivrai. La
requête eft raifonnable , dit gravement un porteur de chaife. Sans
doute, ajouta le plus apparent de
la foule ; on ne bleffera point en
ma préfence les droits de la nation ;
préfentez votre écrit , ou laiffez
aller ce Monfieur. Ni je ne fuis, ni
je ne voudrois être un Bailli , repliqua vivement le Docteur. Je fuis
Miniftre , bon ami , honnête-hom-
me , je veux le bien du jufte & la
punition du coupable ; voilà mes

droits pour arrêter un fauſſaire, un frippon, un fourbe inſigne, cauſe de la ruine d'une femme noble & vertueuſe. Je l'accuſe de fellonie, lui & tous ceux qui ne m'aideront pas à le conduire chez un Juge de paix. Il a ruiné une femme, dit un ſergent des gardes ? fi, un homme de robe ! Eſt-elle belle, demanda un jeune apprentif ? Comme un ange, cria le Docteur. Oh tu marcheras donc, ajouta le ſergent, en ſaiſiſſant Murphy. Celui-ci réſiſtoit encore, vouloit haranguer, mais un connétable accourant, leva ſon bâton & lui impoſa ſilence comme au reſte de l'aſſemblée ; le peuple s'écarta, & l'Avocat fut contraint d'aller chez le Juge. Le Docteur le ſuivit & envoya dire à Fenton, de prendre grand foin de Robinſon en attendant ſon retour.

Le Bailli reſté avec ſon priſonnier, ne ſçavoit où il en étoit. Il demanda à Monſieur Fenton ſi l'honnête Miniſtre n'avoit pas la tête un peu dérangée. Monſieur Fenton rit de ſon idée, & pria cet homme de lui laiſſer voir Robinſon. Le Bailli le mena à ſa chambre & ſe retira.

En approchant du lit où ce malheureux étoit couché, Monſieur Fenton le reconnut pour un des priſonniers avec leſquels il avoit diné le premier jour de ſon entrée à Newgate ; ſa figure aſſez belle, & un eſprit très-orné le lui firent remarquer à la table du concierge où ils mangerent enſemble cette ſeule fois. Malgré les diſcours du Bailli &

ceux

ceux de Murphy , il l'aborda avec politeſſe. Je ſuis fâché , Monſieur , lui dit-il , de vous revoir dans un lieu & dans une ſituation ſi triſtes. Je viens vous offrir mes ſervices, & vous prier de m'apprendre par quelle ſingularité ma fortune paroît liée depuis un inſtant à la vôtre. Le digne Miniſtre qui vous quitte me l'a fait entendre au moins ; rien ne m'étonneroit davantage , n'ayant pas, je crois, l'honneur d'être connu de vous.

On vous a dit vrai , Monſieur , s'écria Robinſon. Mais je ſuis un miſérable , je ne mérite pas votre généreuſe compaſſion. Vous voyez en moi un des vils inſtrumens de la ruine d'une femme reſpectable, de la vôtre , Monſieur. Ah quand je la vis entrer à Newgate, vous cherchant, vous appellant, portant par tout ſes triſtes regards, elle me parut un ange, dont les larmes attireroient ſur moi les vengeances céleſtes. Je me repentis ſincérement alors, je vous écrivis, j'attendois impatiemment le tems de ma délivrance pour vous révéler le ſecret que je viens de découvrir à Monſieur Harriſon. Je n'oſois vous parler à Newgate dans la crainte que vous ne m'y fiſſiez retenir. C'eſt moi, Monſieur, qui écrivis à votre épouſe par ordre de ſa ſœur, quand vous futes bleſſé à Gibraltar. On deſiroit ſon éloignement, on en profita, vous le ſçavez. C'eſt moi, qui vous avois donné un rendez-vous à l'heure même où j'ai été arrêté.

(259)

Au nom du ciel , daignez me pardonner , Monfieur ; foyez affez
bon , affez généreux pour me pardonner. L'aimable & vertueufe
Amélie va rentrer dans les biens que
j'ai aidé à lui ravir. Ma feule confolation eft d'avoir confervé le pouvoir de les lui faire récouvrer.

Monfieur Fenton ne fçavoit que
penfer des difcours de cet homme ;
il le regarda fixement. N'appercevant en lui aucune marque d'aliéna-
tion d'efprit , il en fut plus furpris
& plus embarraffé à comprendre
fes propos. En vérité , Monfieur ,
dit-il à Robinfon , j'ignore abfolu-
ment & ne puis même deviner de
quel crime vous vous accufez. Amélie n'efpéra jamais de biens que ceux
de fon pere. Maîtreffe d'en difpo-

fer, Miſtriſs Harris en fit le partage de ſa fille cadette, elle y joignit les ſiens. Ainſi l'aînée deshéritée par ſon teſtament.... Ce teſtament eſt faux, Monſieur, s'écria Robinſon. Faux, répéta Fenton ! quoi Miſtriſs Harris.... Elle ne l'a point fait, elle ne l'a jamais vu, continua Robin- ſon. Nous le compoſâmes Murphy & moi. Le véritable, reçu ſix mois auparavant par l'honnête Burton, dépoſé chez lui, tomba après ſa mort dans les mains de Murphy, qui pendant ſa longue maladie avoit gagné ſa confiance. Miſtriſs Harris mourant peu de tems après, ſon teſ- tament fut ſouſtrait. Murphy m'en- gagea à forger l'acte qui enrichiſſoit Miſs Betzy aux dépens de ſa ſœur aînée. J'imitai la main de Burton,

& celle de Miſtriſs Harris ; Lady Morgan aida à me corrompre par ſes promeſſes. Je devois partager avec Murphy une ſomme conſidérable. Mais j'ai fait le mal, & mon avare complice a joui ſeul de la récompenſe. Oui, Monſieur, je le jurerai, Amélie eſt l'unique héritiere de Miſtriſs Harris ; je viens de confier à Monſieur Harriſon des lettres de Lady Morgan, de Miſs Betzy, de Murphy ; elles conſtatent le fait, & des papiers plus convainquans encore l'éclairciront abſolument. A préſent, permettez-moi, Monſieur, d'implorer votre clémence. Ayez pitié de ma miſere. Une extrême pauvreté m'a rendu criminel. Un peu de ſecours ranimera dans mon cœur des ſentimens, étouffés quelquefois , mais jamais éteints ; je n'ai point à me reprocher d'avoir gardé ce que la foibleſſe & le malheur m'ont ſouvent engagé à vouloir m'approprier. J'ai pris , il eſt vrai , mais j'ai rendu. Je puis encore rentrer dans le ſentier de l'honneur ; oh, Monſieur, aidez un malheureux à quitter pour toujours les larges voies de l'iniquité.

Monſieur Fenton , émû, touché, ſurpris , oſant à peine croire ce qu'il entendoit , alloit aſſûrer Robinſon d'un pardon demandé avec tant d'inſtance , quand on vint lui dire qu'il étoit libre de ſortir. Sir James avoit remis l'argent au Bailli , & attendoit Fenton en bas. En même-tems un bruit terrible , un mêlange de voix au-deſſus deſquelles on diſ-

tinguoit aiſément celle du Docteur
Harriſon, ſe firent entendre ſur l'eſcalier. Une foule de gens entra dans
la chambre de Robinſon à la ſuite
d'un officier de juſtice qui ramenoit
Murphy pour le confronter avec
Robinſon. Le Docteur tranſporté
de joie, ne laiſſoit parler perſonne ;
il nommoit Amélie, félicitoit Fenton, embraſſoit Sir James, conſoloit, raſſûroit Robinſon, béniſſoit
le ciel, & réhabilitoit la mémoire
de ſa défunte couſine Harris. Au
fond, diſoit-il, c'étoit une bonne
femme. Le ſalut de ſon ame m'in-
quiétoit ; je la croyois injuſte, eh
bien, j'avois tort. Cette vieille
Morgan, cet infâme Murphy, la
méchante Betzy, & ce pauvre fourbe que voilà.... Mais il peut ſe con-

vertir. Que le ciel lui pardonne, comme ma fille Amélie le fera.

Les lettres produites, les preuves examinées, Murphy convint enfin de la fausseté du testament. Deux morceaux du véritable, retirés du feu & soigneusement conservés par Robinson, servirent d'une entiere conviction. Amélie fut reconnue héritiere, & rétablie dans tous les droits d'une succession de huit mille guinées de rente. Murphy avoua que l'espérance d'épouser Miss Betzy, l'avoit engagé à cette indigne action. Je souhaite de toute mon ame qu'elle t'épouse à présent, s'écria le Docteur. La folle Morgan vient de se marier à un jeune officier des gardes ; elle lui a donné tout son bien. Amélie va rentrer

dans

dans ceux que tu lui avois volés. Betzy ruinée, laide, hipocrite & fauſſaire, te convient en vérité, & ſi la loi le permet, je me déſiſte à l'inſtant de ma pourſuite en faveur de cette union. Parbleu, Monſieur, dit James au Docteur, pour un homme de votre caractère, vous outrez la vengeance, laiſſez pendre ce pauvre diable; lui donner Betzy, ce ſeroit le punir au de-là de ſon crime.

On emmena l'Avocat. L'officier de juſtice aſſûra que deux jours termineroient cette affaire, & mettroient Amélie en pleine poſſeſſion de ſon héritage ; enſuite il ſe retira. On tranſporta Robinſon chez un chirurgien du voiſinage, qu'on paya d'avance, afin de l'engager à le bien traiter. Le Docteur acquitta la dette qui l'avoit fait arrêter. Fenton lui promit une pension viagere & suffisante à ses besoins. Le Bailli content, James, Fenton, & le Docteur s'avancoient vers la porte quand le bon Ministre se souvint qu'il falloit cautionner son ami. Comment donc, dit-il au Bailli , vous laissez aller ainsi votre prisonnier? Monsieur m'a payé , répondit cet homme en montrant Sir James , à présent le gentilhomme est libre & vous pouvez l'emmener. Quelle maudite obstination , quelle étourderie, s'écria le Docteur ! de quoi vous êtes-vous mêlé ! Comment , cette indigne Betzy aura les six cens guinées ! elle les recevra.... Mais elle est ruinée , punie , allons , patience ,

je veux bien lui accorder comme
un secours dans sa prochaine indi-
gence , ce que je refusois à son
avide avarice.

Tous trois monterent alors en
carrosse , & prirent le chemin de
la verge de la cour. Le Docteur
brûloit d'y arriver. On convint en
allant , de découvrir avec précau-
tion à Amélie une nouvelle si peu
attendue , & capable de lui causer
une extrême surprise. On se con-
certa sur la façon dont on s'y prendroit, pour lui découvrir peu-à-peu
cet heureux changement. En met-
tant le pied sur l'escalier , le Docteur lui cria de toute l'étendue de
sa voix. Ma fille , vous êtes l'héritiere de votre mere , Betzy est con-
vaincue de fausseté , vous triom-

phez de fa noire malice , je n'aurai plus cette méchante voifine à mon Prieuré.

Voir fon mari libre, Sir James à fes côtés , le Docteur riant , c'étoit affez pour caufer une joie vive à la fenfible Amélie ; elle ne comprenoit rien au refte. Quand on le lui expliqua , elle entendit le récit de cet événement avec plaifir , mais avec tranquillité. Une ame auffi noble que la fienne pouvoit fupporter fans émotion dangereufe , le retour de fa fortune. Elle plaignit fa fœur d'avoir été capable de tant de baffeffe. Ses yeux dirent à Monfieur Fenton d'une façon bien tendre , qu'en rentrant dans fes droits, elle n'envifageoit que la douceur de le voir heureux. Arrêtons-nous ici. Amé-

lie , riche & satisfaite de son sort ,
n'offre plus au lecteur un objet intéressant. Fenton & elle , recon-
noissans des soins généreux & pa-
ternels du Docteur Harrison , pas-
serent régulierement à son Prieuré
tout le tems qu'il y demeuroit. Sir
Rowland ayant acquitté les dettes
de Fenton , lui rendit la jouissance
de ses biens. Il devint Comte &
Pair du Royaume. Son fils , élevé
par le Docteur , fut sage & heureux.
Sir James , en songeant qu'une folle
passion avoit pensé lui coûter la vie,
ou la perte d'un véritable ami , renonça à Miss Matheus. Cette fille
s'enflamma pour un jeune François,
qui en débarrassa l'Angleterre en la
conduisant à Paris , où elle s'accou-
tuma à laisser vivre les inconstans ,

& à changer comme eux. Atkinfon s'avança dans le fervice, par fa valeur & fa bonne conduite; Fenton l'y foutint par fes bienfaits. Miftrifs Atkinfon ne quitta point l'aimable Amélie, fon humeur finguliere & fa vivacité firent les délices du Docteur Harrifon. La bonne Judith, revenue de fa maladie, paffa le refte de fes jours auprès de fa charmante éleve. Miftrifs Betzy recut pendant deux aus d'une main inconnue cent livres fterling tous les trois mois. Dans la fuite, on lui affùra un fort bien au-deffus de celui qu'elle devoit attendre de la bonté d'une fœur offenfée, mais capable encore de defirer & de faire fon bonheur. Le Docteur Harrifon vécut très-vieux, très-fain, & toujours le même, eftimé, chéri, révéré de tous ceux qui l'approchoient. Monfieur Fen-ton plus fidele, & auffi fenfible, goûta les charmes réunis de l'amour & de la fortune. Et moi qui n'ai plus rien à dire de lui, ni de fon aimable compagne, je vais me ren-dre à ceux d'une douce pareffe.

Fin de la troifieme & derniere Partie.

J'Ai lu par ordre de Monfeigneur le Chancelier, le Manufcrit inti-tulé *Amélie*, & je n'y ai trouvé que des exemples d'honneur & de ver-tu, & des leçons de conduite dans les événemens de la vie. Je crois par cette raifon, qu'on en peut per-mettre l'impreffion. A Paris ce 1762. GIBERT.